TRANZLATY

Sprache ist für alle da
Sproget er for alle

Der Ruf der Wildnis

Når naturen kalder

Jack London

Deutsch / Dansk

Copyright © 2025 Tranzlaty
All rights reserved
Published by Tranzlaty
ISBN: 978-1-80572-800-9
Original text by Jack London
The Call of the Wild
First published in 1903
www.tranzlaty.com

Ins Primitive
Ind i det primitive

Buck las keine Zeitungen
Buck læste ikke aviserne.
Hätte er die Zeitung gelesen, hätte er gewusst, dass Ärger im Anzug war.
Hvis han havde læst aviserne, ville han have vidst, at der var problemer i gang.
Nicht nur er selbst, sondern jeder einzelne Tidewater-Hund bekam Ärger.
Der var problemer ikke kun for ham selv, men for alle tidevandshunde.
Jeder Hund mit starken Muskeln und warmem, langem Fell würde in Schwierigkeiten geraten.
Enhver hund med stærke muskler og varm, lang pels ville komme i problemer.
Von Puget Bay bis San Diego konnte kein Hund dem entkommen, was auf ihn zukam.
Fra Puget Bay til San Diego kunne ingen hund undslippe det, der ventede.
Männer, die in der arktischen Dunkelheit herumtasteten, hatten ein gelbes Metall gefunden.
Mænd, der famlede i det arktiske mørke, havde fundet et gult metal.
Dampfschiff- und Transportunternehmen waren auf der Jagd nach der Entdeckung.
Dampskibs- og transportselskaber jagtede opdagelsen.
Tausende von Männern strömten ins Nordland.
Tusindvis af mænd stormede ind i Nordlandet.
Diese Männer wollten Hunde, und die Hunde, die sie wollten, waren schwere Hunde.
Disse mænd ville have hunde, og de hunde, de ville have, var tunge hunde.
Hunde mit starken Muskeln, die sie zum Arbeiten brauchen.
Hunde med stærke muskler at slide med.
Hunde mit Pelzmantel, der sie vor Frost schützt.

Hunde med lodden pels for at beskytte dem mod frosten.

Buck lebte in einem großen Haus im sonnenverwöhnten Santa Clara Valley.
Buck boede i et stort hus i den solkyssede Santa Clara Valley.
Der Ort, an dem Richter Miller wohnte, wurde sein Haus genannt.
Dommer Millers sted, blev hans hus kaldt.
Sein Haus stand etwas abseits der Straße, halb zwischen den Bäumen versteckt.
Hans hus lå lidt tilbagetrukket fra vejen, halvt skjult mellem træerne.
Man konnte einen Blick auf die breite Veranda erhaschen, die rund um das Haus verläuft.
Man kunne få et glimt af den brede veranda, der strakte sig rundt om huset.
Die Zufahrt zum Haus erfolgte über geschotterte Zufahrten.
Huset blev nået via grusbelagte indkørsler.
Die Wege schlängelten sich durch weitläufige Rasenflächen.
Stierne snoede sig gennem vidstrakte græsplæner.
Über ihnen waren die ineinander verschlungenen Zweige hoher Pappeln.
Over dem var de flettede grene af høje popler.
Auf der Rückseite des Hauses ging es noch geräumiger zu.
Bag huset var tingene endnu mere rummelige.
Es gab große Ställe, in denen ein Dutzend Stallknechte plauderten
Der var store stalde, hvor et dusin gomme snakkede
Es gab Reihen von weinbewachsenen Dienstbotenhäusern
Der var rækker af vinrankeklædte tjenerhytter
Und es gab eine endlose und ordentliche Reihe von Toilettenhäuschen
Og der var en endeløs og ordentlig række af udhuse
Lange Weinlauben, grüne Weiden, Obstgärten und Beerenfelder.
Lange vingårde, grønne enge, frugtplantager og bærmarker.

Dann gab es noch die Pumpanlage für den artesischen Brunnen.
Så var der pumpeanlægget til den artesiske brønd.
Und da war der große Zementtank, der mit Wasser gefüllt war.
Og der var den store cementtank fyldt med vand.
Hier nahmen die Jungs von Richter Miller ihr morgendliches Bad.
Her tog dommer Millers drenge deres morgendukkert.
Und auch dort kühlten sie sich am heißen Nachmittag ab.
Og de kølede også ned der i den varme eftermiddag.
Und über dieses große Gebiet herrschte Buck über alles.
Og over dette store domæne var det Buck, der herskede over det hele.
Buck wurde auf diesem Land geboren und lebte hier sein ganzes vierjähriges Leben.
Buck blev født på dette land og boede her alle sine fire år.
Es gab zwar noch andere Hunde, aber die spielten keine wirkliche Rolle.
Der var ganske vist andre hunde, men de betød egentlig ikke noget.
An einem so riesigen Ort wie diesem wurden andere Hunde erwartet.
Andre hunde var forventet på et sted så stort som dette.
Diese Hunde kamen und gingen oder lebten in den geschäftigen Zwingern.
Disse hunde kom og gik, eller boede inde i de travle kenneler.
Manche Hunde lebten versteckt im Haus, wie Toots und Ysabel.
Nogle hunde boede gemt i huset, ligesom Toots og Ysabel gjorde.
Toots war ein japanischer Mops, Ysabel ein mexikanischer Nackthund.
Toots var en japansk mops, Ysabel en mexicansk hårløs hund.
Diese seltsamen Kreaturen verließen das Haus kaum.
Disse mærkelige væsner gik sjældent uden for huset.

Sie berührten weder den Boden noch schnüffelten sie draußen an der frischen Luft.
De rørte ikke jorden eller snusede i den fri luft udenfor.
Außerdem gab es Foxterrier, mindestens zwanzig an der Zahl.
Der var også foxterrierene, mindst tyve i antal.
Diese Terrier bellten Toots und Ysabel im Haus wild an.
Disse terriere gøede voldsomt ad Toots og Ysabel indenfor.
Toots und Ysabel blieben hinter Fenstern, in Sicherheit.
Toots og Ysabel blev bag vinduerne, i sikkerhed for overlast.
Sie wurden von Hausmädchen mit Besen und Wischmopps bewacht.
De blev bevogtet af huspiger med koste og mopper.
Aber Buck war kein Haushund und auch kein Zwingerhund.
Men Buck var ingen hushund, og han var heller ingen kennelhund.
Das gesamte Anwesen gehörte Buck als seinem rechtmäßigen Reich.
Hele ejendommen tilhørte Buck som hans retmæssige rige.
Buck schwamm im Becken oder ging mit den Söhnen des Richters auf die Jagd.
Buck svømmede i akvariet eller gik på jagt med dommerens sønner.
Er ging in den frühen oder späten Morgenstunden mit Mollie und Alice spazieren.
Han gik med Mollie og Alice i de tidlige eller sene timer.
In kalten Nächten lag er mit dem Richter vor dem Kaminfeuer der Bibliothek.
På kolde nætter lå han foran bibliotekets ilden med dommeren.
Buck ließ die Enkel des Richters auf seinem starken Rücken herumreiten.
Buck kørte dommerens børnebørn på sin stærke ryg.
Er wälzte sich mit den Jungen im Gras und bewachte sie genau.

Han rullede sig i græsset med drengene og bevogtede dem nøje.
Sie wagten sich bis zum Brunnen und sogar an den Beerenfeldern vorbei.
De vovede sig hen til springvandet og endda forbi bærmarkerne.
Unter den Foxterriern lief Buck immer mit königlichem Stolz.
Blandt foxterrierene gik Buck altid med kongelig stolthed.
Er ignorierte Toots und Ysabel und behandelte sie, als wären sie Luft.
Han ignorerede Toots og Ysabel og behandlede dem, som om de var luft.
Buck herrschte über alle Lebewesen auf Richter Millers Land.
Buck herskede over alle levende væsner på dommer Millers land.
Er herrschte über Tiere, Insekten, Vögel und sogar Menschen
Han herskede over dyr, insekter, fugle og endda mennesker.
Bucks Vater Elmo war ein großer und treuer Bernhardiner gewesen.
Bucks far, Elmo, havde været en enorm og loyal sanktbernhardshund.
Elmo wich dem Richter nie von der Seite und diente ihm treu.
Elmo forlod aldrig dommerens side og tjente ham trofast.
Buck schien bereit, dem edlen Beispiel seines Vaters zu folgen.
Buck syntes parat til at følge sin fars ædle eksempel.
Buck war nicht ganz so groß und wog hundertvierzig Pfund.
Buck var ikke helt så stor og vejede hundrede og fyrre pund.
Seine Mutter Shep war eine schöne schottische Schäferhündin gewesen.
Hans mor, Shep, havde været en fin skotsk hyrdehund.
Aber selbst mit diesem Gewicht hatte Buck eine königliche Ausstrahlung.

Men selv med den vægt gik Buck med en majestætisk tilstedeværelse.
Dies kam vom guten Essen und dem Respekt, der ihm immer entgegengebracht wurde.
Dette kom fra god mad og den respekt, han altid modtog.
Vier Jahre lang hatte Buck wie ein verwöhnter Adliger gelebt.
I fire år havde Buck levet som en forkælet adelsmand.
Er war stolz auf sich und sogar ein wenig egoistisch.
Han var stolt af sig selv, og endda en smule egoistisk.
Diese Art von Stolz war bei den Herren abgelegener Landstriche weit verbreitet.
Den slags stolthed var almindelig blandt afsidesliggende landsherrer.
Doch Buck hat es vermieden, ein verwöhnter Haushund zu werden.
Men Buck reddede sig selv fra at blive en forkælet hushund.
Durch die Jagd und das Training blieb er schlank und stark.
Han forblev slank og stærk gennem jagt og motion.
Er liebte Wasser zutiefst, wie Menschen, die in kalten Seen baden.
Han elskede vand dybt, ligesom folk der bader i kolde søer.
Diese Liebe zum Wasser hielt Buck stark und sehr gesund.
Denne kærlighed til vand holdt Buck stærk og meget sund.
Dies war der Hund, zu dem Buck im Herbst 1897 geworden war.
Det var den hund, Buck var blevet til i efteråret 1897.
Als der Klondike-Angriff die Menschen in den eisigen Norden trieb.
Da Klondike-angrebet trak mænd til det frosne nord.
Menschen aus aller Welt strömten in das kalte Land.
Folk strømmede fra hele verden til det kolde land.
Buck las jedoch weder die Zeitungen noch verstand er Nachrichten.
Buck læste imidlertid ikke aviser og forstod heller ikke nyheder.

Er wusste nicht, dass es nicht gut war, Zeit mit Manuel zu verbringen.
Han vidste ikke, at Manuel var en dårlig mand at være sammen med.
Manuel, der im Garten half, hatte ein großes Problem.
Manuel, som hjalp til i haven, havde et alvorligt problem.
Manuel war spielsüchtig nach der chinesischen Lotterie.
Manuel var afhængig af at spille i det kinesiske lotteri.
Er glaubte auch fest an ein festes System zum Gewinnen.
Han troede også stærkt på et fast system til at vinde.
Dieser Glaube machte sein Scheitern sicher und unvermeidlich.
Den tro gjorde hans fiasko sikker og uundgåelig.
Um ein System zu spielen, braucht man Geld, und das fehlte Manuel.
At spille et system kræver penge, hvilket Manuel manglede.
Sein Gehalt reichte kaum zum Überleben seiner Frau und seiner vielen Kinder.
Hans løn kunne knap nok forsørge hans kone og mange børn.
In der Nacht, in der Manuel Buck verriet, war alles normal.
Den aften Manuel forrådte Buck, var alting normalt.
Der Richter war bei einem Treffen der Rosinenanbauervereinigung.
Dommeren var til et møde i rosinavlerforeningen.
Die Söhne des Richters waren damals damit beschäftigt, einen Sportverein zu gründen.
Dommerens sønner var dengang travlt optaget af at danne en atletikklub.
Niemand sah, wie Manuel und Buck durch den Obstgarten gingen.
Ingen så Manuel og Buck gå gennem frugtplantagen.
Buck dachte, dieser Spaziergang sei nur ein einfacher nächtlicher Spaziergang.
Buck troede, at denne gåtur bare var en simpel natlig spadseretur.
Sie trafen nur einen Mann an der Flaggenstation im College Park.

De mødte kun én mand ved flagstationen i College Park.
Dieser Mann sprach mit Manuel und sie tauschten Geld aus.
Manden talte med Manuel, og de udvekslede penge.
"Verpacken Sie die Waren, bevor Sie sie ausliefern", schlug er vor
"Pak varerne ind, inden du leverer dem," foreslog han.
Die Stimme des Mannes war rau und ungeduldig, als er sprach.
Mandens stemme var ru og utålmodig, mens han talte.
Manuel band Buck vorsichtig ein dickes Seil um den Hals.
Manuel bandt forsigtigt et tykt reb om Bucks hals.
"Verdreh das Seil, und du wirst ihn gründlich erwürgen"
"Vrid rebet, så kvæler du ham rigeligt"
Der Fremde gab ein Grunzen von sich und zeigte damit, dass er gut verstanden hatte.
Den fremmede gryntede, hvilket viste, at han forstod det godt.
Buck nahm das Seil an diesem Tag mit ruhiger und stiller Würde an.
Buck tog imod rebet med rolig og stille værdighed den dag.
Es war eine ungewöhnliche Tat, aber Buck vertraute den Männern, die er kannte.
Det var en usædvanlig handling, men Buck stolede på de mænd, han kendte.
Er glaubte, dass ihre Weisheit weit über sein eigenes Denken hinausging.
Han mente, at deres visdom rakte langt ud over hans egen tankegang.
Doch dann wurde das Seil in die Hände des Fremden gegeben
Men så blev rebet givet i den fremmedes hænder.
Buck stieß ein leises, warnendes und zugleich bedrohliches Knurren aus.
Buck udstødte en lav knurren, der advarede med en stille trussel.
Er war stolz und gebieterisch und wollte seinen Unmut zum Ausdruck bringen.

Han var stolt og kommanderende, og han havde til hensigt at vise sin utilfredshed.
Buck glaubte, seine Warnung würde als Befehl verstanden werden.
Buck troede, at hans advarsel ville blive forstået som en ordre.
Zu seinem Entsetzen zog sich das Seil schnell um seinen dicken Hals zusammen.
Til hans chok strammedes rebet hårdt om hans tykke hals.
Ihm blieb die Luft weg und er begann in plötzlicher Wut zu kämpfen.
Hans luft blev afskåret, og han begyndte at kæmpe i et pludseligt raseri.
Er sprang auf den Mann zu, der Buck schnell mitten in der Luft traf.
Han sprang mod manden, som hurtigt mødte Buck midt i luften.
Der Mann packte Buck am Hals und drehte ihn geschickt in der Luft.
Manden greb fat i Bucks hals og vred ham dygtigt op i luften.
Buck wurde hart zu Boden geworfen und landete flach auf dem Rücken.
Buck blev kastet hårdt omkuld og landede fladt på ryggen.
Das Seil würgte ihn nun grausam, während er wild um sich trat.
Rebet kvalte ham nu grusomt, mens han sparkede vildt.
Seine Zunge fiel heraus, seine Brust hob und senkte sich, doch er bekam keine Luft.
Hans tunge faldt ud, hans bryst hævede sig, men han fik ikke vejret.
Noch nie in seinem Leben war er mit solcher Gewalt behandelt worden.
Han var aldrig blevet behandlet med sådan vold i sit liv.
Auch war er noch nie zuvor von solch tiefer Wut erfüllt gewesen.
Han havde heller aldrig før været fyldt med så dyb vrede.
Doch Bucks Kraft schwand und seine Augen wurden glasig.
Men Bucks kraft svandt ud, og hans øjne blev glasagtige.

Er wurde ohnmächtig, als in der Nähe ein Zug angehalten wurde.
Han besvimede lige da et tog holdt ind mod gaden i nærheden.
Dann warfen ihn die beiden Männer schnell in den Gepäckwagen.
Så kastede de to mænd ham hurtigt ind i bagagevognen.
Das nächste, was Buck spürte, war ein Schmerz in seiner geschwollenen Zunge.
Det næste Buck følte var en smerte i sin hævede tunge.
Er bewegte sich in einem wackelnden Wagen und war nur schwach bei Bewusstsein.
Han kørte i en rystende vogn, kun svagt ved bevidsthed.
Das schrille Pfeifen eines Zuges verriet Buck seinen Standort.
Det skarpe skrig fra en togfløjte fortalte Buck hans position.
Er war oft mit dem Richter mitgefahren und kannte das Gefühl.
Han havde ofte redet med dommeren og kendte følelsen.
Es war der einzigartige Schock, wieder in einem Gepäckwagen zu reisen.
Det var det unikke chok at rejse i en bagagevogn igen.
Buck öffnete die Augen und sein Blick brannte vor Wut.
Buck åbnede øjnene, og hans blik brændte af raseri.
Dies war der Zorn eines stolzen Königs, der vom Thron gejagt wurde.
Dette var vreden hos en stolt konge, der blev taget fra sin trone.
Ein Mann wollte ihn packen, doch stattdessen schlug Buck zuerst zu.
En mand rakte ud for at gribe ham, men Buck slog til først i stedet.
Er versenkte seine Zähne in der Hand des Mannes und hielt sie fest.
Han satte tænderne i mandens hånd og holdt fast.
Er ließ nicht los, bis er ein zweites Mal ohnmächtig wurde.
Han slap ikke, før han besvimede anden gang.

„Ja, hat Anfälle", murmelte der Mann dem Gepäckträger zu.
"Ja, har anfald," mumlede manden til bagagemanden.
Der Gepäckträger hatte den Kampf gehört und war näher gekommen.
Bagagemanden havde hørt kampen og var kommet nærmere.
„Ich bringe ihn für den Chef nach Frisco", erklärte der Mann.
"Jeg tager ham med til 'Frisco for chefens skyld," forklarede manden.
„Dort gibt es einen tollen Hundearzt, der sagt, er könne sie heilen."
"Der er en dygtig hundelæge der, som siger, at han kan helbrede dem."
Später in der Nacht gab der Mann seinen eigenen ausführlichen Bericht ab.
Senere samme aften gav manden sin egen fulde beretning.
Er sprach aus einem Schuppen hinter einem Saloon am Hafen.
Han talte fra et skur bag en saloon på kajen.
„Ich habe nur fünfzig Dollar bekommen", beschwerte er sich beim Wirt.
"Jeg fik kun halvtreds dollars," klagede han til saloonmanden.
„Ich würde es nicht noch einmal tun, nicht einmal für tausend Dollar in bar."
"Jeg ville ikke gøre det igen, ikke engang for tusind kroner i kontanter."
Seine rechte Hand war fest in ein blutiges Tuch gewickelt.
Hans højre hånd var tæt pakket ind i et blodigt klæde.
Sein Hosenbein war vom Knie bis zum Fuß weit aufgerissen.
Hans bukseben var vidt revet op fra knæ til fod.
„Wie viel hat der andere Trottel verdient?", fragte der Wirt.
"Hvor meget fik den anden krus i løn?" spurgte saloonmanden.
„Hundert", antwortete der Mann, „einen Cent weniger würde er nicht nehmen."

"Hundrede," svarede manden, "han ville ikke tage en øre mindre."
„Das macht hundertfünfzig", sagte der Kneipenmann.
"Det bliver til hundrede og halvtreds," sagde saloonmanden.
„Und er ist das alles wert, sonst bin ich nicht besser als ein Dummkopf."
"Og han er det hele værd, ellers er jeg ikke bedre end en tåbe."
Der Mann öffnete die Verpackung, um seine Hand zu untersuchen.
Manden åbnede indpakningen for at undersøge sin hånd.
Die Hand war stark zerrissen und mit getrocknetem Blut verkrustet.
Hånden var slemt flænget og tilsølvet med tørret blod.
„Wenn ich keine Tollwut bekomme ...", begann er zu sagen.
"Hvis jeg ikke får hydrofobien ..." begyndte han at sige.
„Das liegt wohl daran, dass du zum Hängen geboren wurdest", ertönte ein Lachen.
"Det er fordi, du er født til at hænge," lød en latter.
„Komm und hilf mir, bevor du gehst", wurde er gebeten.
"Kom og hjælp mig, inden du går," blev han spurgt.
Buck war von den Schmerzen in seiner Zunge und seinem Hals benommen.
Buck var i en døs af smerten i tungen og halsen.
Er war halb erwürgt und konnte kaum noch aufrecht stehen.
Han var halvkvalt og kunne knap nok stå oprejst.
Dennoch versuchte Buck, den Männern gegenüberzutreten, die ihm so viel Leid zugefügt hatten.
Alligevel forsøgte Buck at se de mænd i øjnene, der havde såret ham så meget.
Aber sie warfen ihn nieder und würgten ihn erneut.
Men de kastede ham ned og kvalte ham endnu engang.
Erst dann konnten sie sein schweres Messinghalsband absägen.
Først da kunne de save hans tunge messingkrave af.
Sie entfernten das Seil und stießen ihn in eine Kiste.
De fjernede rebet og skubbede ham ind i en kasse.

Die Kiste war klein und hatte die Form eines groben Eisenkäfigs.
Kassen var lille og formet som et groft jernbur.
Buck lag die ganze Nacht dort, voller Zorn und verletztem Stolz.
Buck lå der hele natten, fyldt med vrede og såret stolthed.
Er konnte nicht einmal ansatzweise verstehen, was mit ihm geschah.
Han kunne ikke begynde at forstå, hvad der skete med ham.
Warum hielten ihn diese fremden Männer in dieser kleinen Kiste fest?
Hvorfor holdt disse mærkelige mænd ham i denne lille kasse?
Was wollten sie von ihm und warum diese grausame Gefangenschaft?
Hvad ville de med ham, og hvorfor dette grusomme fangenskab?
Er spürte einen dunklen Druck, das Gefühl, dass das Unglück näher rückte.
Han følte et mørkt pres; en følelse af, at katastrofen kom nærmere.
Es war eine vage Angst, die ihn jedoch schwer belastete.
Det var en vag frygt, men den satte sig tungt i hans sind.
Mehrmals sprang er auf, als die Schuppentür klapperte.
Flere gange sprang han op, da skurdøren raslede.
Er erwartete, dass der Richter oder die Jungen erscheinen und ihn retten würden.
Han forventede, at dommeren eller drengene ville dukke op og redde ham.
Doch jedes Mal lugte nur das dicke Gesicht des Wirts hinein.
Men kun saloonværtens tykke ansigt kiggede ind hver gang.
Das Gesicht des Mannes wurde vom schwachen Schein einer Talgkerze erhellt.
Mandens ansigt var oplyst af det svage skær fra et talgys.
Jedes Mal verwandelte sich Bucks freudiges Bellen in ein leises, wütendes Knurren.

Hver gang ændrede Bucks glædelige gøen sig til en lav, vred knurren.

Der Wirt ließ ihn für die Nacht allein in der Kiste zurück
Saloonværten lod ham være alene i buret natten over
Aber als er am Morgen aufwachte, kamen noch mehr Männer.
Men da han vågnede om morgenen, kom der flere mænd.
Vier Männer kamen und hoben die Kiste vorsichtig und wortlos auf.
Fire mænd kom og samlede forsigtigt kassen op uden et ord.
Buck wusste sofort, in welcher Situation er sich befand.
Buck forstod straks den situation, han befandt sig i.
Sie waren weitere Peiniger, die er bekämpfen und fürchten musste.
De var yderligere plageånder, som han måtte bekæmpe og frygte.
Diese Männer sahen böse, zerlumpt und sehr ungepflegt aus.
Disse mænd så onde, lasede og meget dårligt soignerede ud.
Buck knurrte und stürzte sich wild durch die Gitterstäbe auf sie.
Buck knurrede og kastede sig voldsomt mod dem gennem tremmerne.
Sie lachten nur und stießen mit langen Holzstöcken nach ihm.
De bare lo og prikkede til ham med lange træpinde.
Buck biss in die Stöcke, dann wurde ihm klar, dass es das war, was ihnen gefiel.
Buck bed i pindene, men indså så, at det var det, de kunne lide.
Also legte er sich ruhig hin, mürrisch und vor stiller Wut brennend.
Så lagde han sig stille ned, mut og brændende af stille raseri.
Sie hoben die Kiste auf einen Wagen und fuhren mit ihm weg.
De løftede kassen op i en vogn og kørte væk med ham.

Die Kiste mit Buck darin wechselte oft den Besitzer.
Kassen, med Buck låst inde, skiftede ofte hænder.
Express-Büroangestellte übernahmen die Leitung und kümmerten sich kurz um ihn.
Ekspreskontorets kontormedarbejdere tog ansvaret og ekspederede ham kortvarigt.
Dann transportierte ein anderer Wagen Buck durch die laute Stadt.
Så bar en anden vogn Buck tværs over den larmende by.
Ein Lastwagen brachte ihn mit Kisten und Paketen auf eine Fähre.
En lastbil kørte ham med kasser og pakker ombord på en færge.
Nach der Überquerung lud ihn der Lastwagen an einem Bahndepot ab.
Efter at have krydset, læssede lastbilen ham af på en jernbanedepot.
Schließlich wurde Buck in einen wartenden Expresswagen gesetzt.
Endelig blev Buck placeret i en ventende ekspresvogn.
Zwei Tage und Nächte lang zogen Züge den Schnellzug ab.
I to dage og nætter trak tog ekspressvognen væk.
Buck hat während der gesamten schmerzhaften Reise weder gegessen noch getrunken.
Buck hverken spiste eller drak under hele den smertefulde rejse.
Als die Expressboten versuchten, sich ihm zu nähern, knurrte er.
Da ekspresbudene forsøgte at nærme sig ham, knurrede han.
Sie reagierten, indem sie ihn verspotteten und grausam hänselten.
De reagerede ved at håne ham og drille ham grusomt.
Buck warf sich schäumend und zitternd gegen die Gitterstäbe
Buck kastede sig mod tremmerne, frådende og rystende
Sie lachten laut und verspotteten ihn wie Schulhofschläger.
De lo højt og drillede ham som skolegårdsbøller.

Sie bellten wie falsche Hunde und wedelten mit den Armen.
De gøede som falske hunde og baskede med armene.
Sie krähten sogar wie Hähne, nur um ihn noch mehr aufzuregen.
De galte endda som haner bare for at gøre ham endnu mere ked af det.
Es war dummes Verhalten und Buck wusste, dass es lächerlich war.
Det var tåbelig opførsel, og Buck vidste, at det var latterligt.
Doch das verstärkte seine Empörung und Scham nur noch.
Men det forstærkede kun hans følelse af forargelse og skam.
Der Hunger plagte ihn während der Reise kaum.
Han var ikke synderligt generet af sult under turen.
Doch der Durst brachte starke Schmerzen und unerträgliches Leiden mit sich.
Men tørst medførte skarp smerte og uudholdelig lidelse.
Sein trockener, entzündeter Hals und seine Zunge brannten vor Hitze.
Hans tørre, betændte hals og tunge brændte af varme.
Dieser Schmerz schürte das Fieber, das in seinem stolzen Körper aufstieg.
Denne smerte nærede feberen, der steg i hans stolte krop.
Buck war während dieses Prozesses für eine einzige Sache dankbar.
Buck var taknemmelig for én enkelt ting under denne retssag.
Das Seil um seinen dicken Hals war entfernt worden.
Rebet var blevet fjernet fra hans tykke hals.
Das Seil hatte diesen Männern einen unfairen und grausamen Vorteil verschafft.
Rebet havde givet disse mænd en urimelig og grusom fordel.
Jetzt war das Seil weg und Buck schwor, dass es nie wieder zurückkommen würde.
Nu var rebet væk, og Buck svor på, at det aldrig ville vende tilbage.
Er beschloss, sich nie wieder ein Seil um den Hals legen zu lassen.

Han besluttede sig for, at intet reb nogensinde skulle gå om hans hals igen.
Zwei lange Tage und Nächte litt er ohne Essen.
I to lange dage og nætter led han uden mad.
Und in diesen Stunden baute sich in ihm eine enorme Wut auf.
Og i de timer opbyggede han et enormt raseri indeni.
Seine Augen wurden vor ständiger Wut blutunterlaufen und wild.
Hans øjne blev blodskudte og vilde af konstant vrede.
Er war nicht mehr Buck, sondern ein Dämon mit schnappenden Kiefern.
Han var ikke længere Buck, men en dæmon med knækende kæber.
Nicht einmal der Richter hätte dieses verrückte Wesen erkannt.
Selv dommeren ville ikke have kendt denne vanvittige skabning.
Die Expressboten atmeten erleichtert auf, als sie Seattle erreichten
Ekspresbudene sukkede lettet, da de nåede Seattle
Vier Männer hoben die Kiste hoch und brachten sie in einen Hinterhof.
Fire mænd løftede kassen og bragte den til en baghave.
Der Hof war klein und von hohen, massiven Mauern umgeben.
Gården var lille, omgivet af høje og solide mure.
Ein großer Mann in einem ausgeleierten roten Pullover kam heraus.
En stor mand trådte ud i en hængende rød sweaterskjorte.
Mit dicker, kühner Handschrift unterschrieb er das Lieferbuch.
Han underskrev leveringsbogen med en tyk og dristig håndskrift.
Buck spürte sofort, dass dieser Mann sein nächster Peiniger war.

Buck fornemmede straks, at denne mand var hans næste plageånd.
Er stürzte sich heftig auf die Gitterstäbe, die Augen rot vor Wut.
Han kastede sig voldsomt mod tremmerne med røde øjne af raseri.
Der Mann lächelte nur finster und holte ein Beil.
Manden smilede bare dystert og gik for at hente en økse.
Er brachte auch eine Keule in seiner dicken und starken rechten Hand mit.
Han medbragte også en kølle i sin tykke og stærke højre hånd.
„Wollen Sie ihn jetzt rausholen?", fragte der Fahrer besorgt.
"Skal du køre ham ud nu?" spurgte chaufføren bekymret.
„Sicher", sagte der Mann und rammte das Beil als Hebel in die Kiste.
"Javisst," sagde manden og pressede øksen ned i kassen som en løftestang.
Die vier Männer stoben sofort auseinander und sprangen auf die Hofmauer.
De fire mænd spredtes øjeblikkeligt og sprang op på gårdsmuren.
Von ihren sicheren Plätzen oben warteten sie, um das Spektakel zu beobachten.
Fra deres trygge pladser ovenover ventede de på at se skuespillet.
Buck stürzte sich auf das zersplitterte Holz, biss und zitterte heftig.
Buck kastede sig mod det splintrede træ, bed og rystede voldsomt.
Jedes Mal, wenn die Axt den Käfig traf, war Buck da, um ihn anzugreifen.
Hver gang øksen ramte buret), var Buck der for at angribe den.
Er knurrte und schnappte vor wilder Wut und wollte unbedingt freigelassen werden.
Han knurrede og snappede af vildt raseri, ivrig efter at blive sluppet fri.

Der Mann draußen war ruhig und gelassen und konzentrierte sich auf seine Aufgabe.
Manden udenfor var rolig og stødig, optaget af sin opgave.
„Also gut, du rotäugiger Teufel", sagte er, als das Loch groß war.
"Nå, din rødøjede djævel," sagde han, da hullet var stort.
Er ließ das Beil fallen und nahm die Keule in die rechte Hand.
Han smed øksen og tog køllen i sin højre hånd.
Buck sah wirklich aus wie ein Teufel; seine Augen blutunterlaufen und lodernd.
Buck lignede virkelig en djævel; øjnene var blodsprængte og flammende.
Sein Fell sträubte sich, Schaum stand ihm vor dem Mund, seine Augen funkelten.
Hans frakke strittede, skum skummede om munden, og øjnene glimtede.
Er spannte seine Muskeln an und sprang direkt auf den roten Pullover zu.
Han spændte musklerne og sprang direkte mod den røde sweater.
Hundertvierzig Pfund Wut prasselten auf den ruhigen Mann zu.
Et hundrede og fyrre pund raseri fløj mod den rolige mand.
Kurz bevor er die Zähne zusammenbiss, traf ihn ein schrecklicher Schlag.
Lige før hans kæber lukkede sig, ramte et frygteligt slag ham.
Seine Zähne schnappten zusammen, nur Luft war im Spiel,
Hans tænder knækkede sammen på intet andet end luft
ein Schmerz durchfuhr seinen Körper
et smertestød gennemgik hans krop
Er machte einen Überschlag in der Luft und stürzte auf dem Rücken und der Seite zu Boden.
Han væltede midt i luften og styrtede ned på ryggen og siden.
Er hatte noch nie zuvor einen Knüppelschlag gespürt und konnte ihn nicht begreifen.
Han havde aldrig før følt et kølleslag og kunne ikke gribe det.

Mit einem kreischenden Knurren, das teils Bellen, teils Schreien war, sprang er erneut.
Med et skrigende knurren, dels gøen, dels skrig, sprang han igen.
Ein weiterer brutaler Schlag traf ihn und schleuderte ihn zu Boden.
Endnu et brutalt slag ramte ham og kastede ham til jorden.
Diesmal verstand Buck – es war die schwere Keule des Mannes.
Denne gang forstod Buck det – det var mandens tunge kølle.
Doch die Wut machte ihn blind, und an einen Rückzug dachte er nicht.
Men raseri blindede ham, og han tænkte ikke på at trække sig tilbage.
Zwölfmal stürzte er sich in die Luft, und zwölfmal fiel er.
Tolv gange kastede han sig, og tolv gange faldt han.
Der Holzknüppel traf ihn jedes Mal mit unbarmherziger, vernichtender Kraft.
Trækøllen smadrede ham hver gang med hensynsløs, knusende kraft.
Nach einem heftigen Schlag kam er benommen und langsam wieder auf die Beine.
Efter et voldsomt slag vaklede han op, fortumlet og langsom.
Blut lief aus seinem Mund, seiner Nase und sogar seinen Ohren.
Blod løb fra hans mund, hans næse og endda hans ører.
Sein einst so schönes Fell war mit blutigem Schaum verschmiert.
Hans engang så smukke frakke var smurt ind i blodigt skum.
Dann trat der Mann vor und versetzte ihm einen heftigen Schlag auf die Nase.
Så trådte manden frem og gav ham et voldsomt slag på næsen.
Die Qualen waren schlimmer als alles, was Buck je gespürt hatte.
Smerten var skarpere end noget Buck nogensinde havde følt.
Mit einem Brüllen, das eher an ein Tier als an einen Hund erinnerte, sprang er erneut zum Angriff.

Med et brøl, mere et dyr end en hund, sprang han igen for at angribe.
Doch der Mann packte seinen Unterkiefer und drehte ihn nach hinten.
Men manden greb fat i hans underkæbe og vred den bagover.
Buck überschlug sich kopfüber und stürzte erneut hart auf den Boden.
Buck vendte hovedkulds og styrtede hårdt ned igen.
Ein letztes Mal stürmte Buck auf ihn zu, jetzt konnte er kaum noch stehen.
En sidste gang angreb Buck ham, nu knap nok i stand til at stå.
Der Mann schlug mit perfektem Timing zu und versetzte den letzten Schlag.
Manden slog til med ekspert timing og uddelte det sidste slag.
Buck brach bewusstlos und regungslos zusammen.
Buck kollapsede i en bunke, bevidstløs og ubevægelig.
„Er ist kein Stümper im Hundezähmen, das sage ich", rief ein Mann.
"Han er ikke sløj til at knække hunde, det er det, jeg siger," råbte en mand.
„Druther kann den Willen eines Hundes an jedem Tag der Woche brechen."
"Druther kan knække en hunds vilje hvilken som helst dag i ugen."
„Und zweimal an einem Sonntag!", fügte der Fahrer hinzu.
"Og to gange på en søndag!" tilføjede chaufføren.
Er stieg in den Wagen und ließ die Zügel knacken, um loszufahren.
Han klatrede op i vognen og knækkede tøjlerne for at køre.
Buck erlangte langsam die Kontrolle über sein Bewusstsein zurück
Buck genvandt langsomt kontrollen over sin bevidsthed
aber sein Körper war noch zu schwach und gebrochen, um sich zu bewegen.
men hans krop var stadig for svag og ødelagt til at bevæge sig.
Er blieb liegen, wo er hingefallen war, und beobachtete den Mann im roten Pullover.

Han lå, hvor han var faldet, og betragtede den rødtrøjede mand.

„Er hört auf den Namen Buck", sagte der Mann und las laut vor.

"Han svarer på navnet Buck," sagde manden og læste højt.

Er zitierte aus der Notiz und den Einzelheiten, die mit Bucks Kiste geschickt wurden.

Han citerede fra den besked, der blev sendt med Bucks kasse, og detaljerne.

„Also, Buck, mein Junge", fuhr der Mann freundlich fort,

"Nå, Buck, min dreng," fortsatte manden med en venlig tone,

„Wir hatten unseren kleinen Streit, und jetzt ist es zwischen uns vorbei."

"Vi har haft vores lille skænderi, og nu er det slut mellem os."

„Sie haben Ihren Platz kennengelernt und ich habe meinen kennengelernt", fügte er hinzu.

"Du har lært din plads at kende, og jeg har lært min," tilføjede han.

„Sei brav, dann wird alles gut und das Leben wird angenehm sein."

"Vær god, så skal alt gå godt, og livet skal blive behageligt."

„Aber wenn du böse bist, schlage ich dir die Seele aus dem Leib, verstanden?"

"Men hvis du er slem, så tæver jeg dig ihjel, forstået?"

Während er sprach, streckte er die Hand aus und tätschelte Bucks schmerzenden Kopf.

Mens han talte, rakte han ud og klappede Bucks ømme hoved.

Bucks Haare stellten sich bei der Berührung des Mannes auf, aber er wehrte sich nicht.

Bucks hår rejste sig ved mandens berøring, men han gjorde ikke modstand.

Der Mann brachte ihm Wasser, das Buck in großen Schlucken trank.

Manden bragte ham vand, som Buck drak i store slurke.

Dann kam rohes Fleisch, das Buck Stück für Stück verschlang.

Så kom råt kød, som Buck fortærede stykke for stykke.

Er wusste, dass er geschlagen war, aber er wusste auch, dass er nicht gebrochen war.
Han vidste, at han var blevet slået, men han vidste også, at han ikke var brækket.
Gegen einen mit einer Keule bewaffneten Mann hatte er keine Chance.
Han havde ingen chance mod en mand bevæbnet med en kølle.
Er hatte die Wahrheit erfahren und diese Lektion nie vergessen.
Han havde lært sandheden, og han glemte aldrig den lektie.
Diese Waffe war der Beginn des Gesetzes in Bucks neuer Welt.
Det våben var begyndelsen på loven i Bucks nye verden.
Es war der Beginn einer harten, primitiven Ordnung, die er nicht leugnen konnte.
Det var starten på en hård, primitiv orden, han ikke kunne benægte.
Er akzeptierte die Wahrheit; seine wilden Instinkte waren nun erwacht.
Han accepterede sandheden; hans vilde instinkter var nu vågne.
Die Welt war härter geworden, aber Buck stellte sich ihr tapfer.
Verden var blevet hårdere, men Buck mødte den tappert.
Er begegnete dem Leben mit neuer Vorsicht, List und stiller Stärke.
Han mødte livet med ny forsigtighed, list og stille styrke.
Weitere Hunde kamen an, an Seilen oder in Kisten festgebunden, so wie Buck.
Flere hunde ankom, bundet i reb eller bure, ligesom Buck havde været.
Einige Hunde kamen ruhig, andere tobten und kämpften wie wilde Tiere.
Nogle hunde kom roligt, andre rasede og kæmpede som vilde dyr.

Sie alle wurden der Herrschaft des Mannes im roten Pullover unterworfen.
De blev alle bragt under den rødtrøjede mands styre.
Jedes Mal sah Buck zu und sah, wie sich ihm die gleiche Lektion erschloss.
Hver gang så Buck den samme lektie udfolde sig.
Der Mann mit der Keule war das Gesetz, ein Herr, dem man gehorchen musste.
Manden med køllen var loven; en mester, der skulle adlydes.
Er musste nicht gemocht werden, aber man musste ihm gehorchen.
Han behøvede ikke at blive holdt af, men han skulle adlydes.
Buck schmeichelte oder wedelte nie mit dem Schwanz, wie es die schwächeren Hunde taten.
Buck gryede eller logrede aldrig, som de svagere hunde gjorde.
Er sah Hunde, die geschlagen wurden und trotzdem die Hand des Mannes leckten.
Han så hunde, der var blevet slået, og som stadig slikkede mandens hånd.
Er sah einen Hund, der überhaupt nicht gehorchte oder sich unterwarf.
Han så en hund, der slet ikke ville adlyde eller bukke under for ham.
Dieser Hund kämpfte, bis er im Kampf um die Kontrolle getötet wurde.
Den hund kæmpede, indtil den blev dræbt i kampen om kontrollen.
Manchmal kamen Fremde, um den Mann im roten Pullover zu sehen.
Fremmede kom sommetider for at se den rødtrøjede mand.
Sie sprachen in seltsamem Ton, flehten, feilschten und lachten.
De talte i en mærkelig tone, tryglede, prutede og lo.
Als das Geld ausgetauscht wurde, gingen sie mit einem oder mehreren Hunden.

Når der blev udvekslet penge, tog de afsted med en eller flere hunde.

Buck fragte sich, wohin diese Hunde gingen, denn keiner kam jemals zurück.

Buck spekulerede på, hvor disse hunde blev af, for ingen vendte nogensinde tilbage.

Angst vor dem Unbekannten erfüllte Buck jedes Mal, wenn ein fremder Mann kam

frygten for det ukendte fyldte Buck hver gang en fremmed mand kom

Er war jedes Mal froh, wenn ein anderer Hund mitgenommen wurde und nicht er selbst.

Han var glad hver gang en anden hund blev taget, snarere end ham selv.

Doch schließlich kam Buck an die Reihe, als ein fremder Mann eintraf.

Men endelig kom Bucks tur med ankomsten af en fremmed mand.

Er war klein, drahtig und sprach gebrochenes Englisch und fluchte.

Han var lille, senet og talte gebrokkent engelsk og bandede.

„Heilig!", schrie er, als er Bucks Gestalt erblickte.

"Sacredam!" råbte han, da han fik øje på Bucks krop.

„Das ist aber ein verdammter Rüpel! Wie viel?", fragte er laut.

"Det er da en forbandet bøllehund! Eh? Hvor meget?" spurgte han højt.

„Dreihundert, und für diesen Preis ist er ein Geschenk."

"Tre hundrede, og han er en gave til den pris,"

„Da es sich um staatliche Gelder handelt, sollten Sie sich nicht beschweren, Perrault."

"Da det er statslige penge, bør du ikke klage, Perrault."

Perrault grinste über den Deal, den er gerade mit dem Mann gemacht hatte.

Perrault smilede bredt over den aftale, han lige havde indgået med manden.

Aufgrund der plötzlichen Nachfrage waren die Preise für Hunde in die Höhe geschossen.
Prisen på hunde var steget kraftigt på grund af den pludselige efterspørgsel.
Dreihundert Dollar waren für so ein tolles Tier nicht unfair.
Tre hundrede dollars var ikke urimeligt for så fint et bæst.
Die kanadische Regierung würde bei dem Abkommen nichts verlieren
Den canadiske regering ville ikke miste noget på aftalen
Auch ihre offiziellen Depeschen würden während des Transports nicht verzögert.
Deres officielle forsendelser ville heller ikke blive forsinket under transport.
Perrault kannte sich gut mit Hunden aus und erkannte, dass Buck etwas Seltenes war.
Perrault kendte hunde godt, og kunne se at Buck var noget sjældent.
„Einer von zehntausend", dachte er, als er Bucks Körperbau betrachtete.
"En ud af ti titusind," tænkte han, mens han studerede Bucks kropsbygning.
Buck sah, wie das Geld den Besitzer wechselte, zeigte sich jedoch nicht überrascht.
Buck så pengene skifte hænder, men viste ingen overraskelse.
Bald wurden er und Curly, ein sanfter Neufundländer, weggeführt.
Snart blev han og Krøllet, en blid newfoundlænder, ført væk.
Sie folgten dem kleinen Mann aus dem Hof des roten Pullovers.
De fulgte den lille mand fra den røde sweaters gård.
Das war das letzte Mal, dass Buck den Mann mit der Holzkeule sah.
Det var det sidste, Buck nogensinde så til manden med trækøllen.
Vom Deck der Narwhal aus beobachtete er, wie Seattle in der Ferne verschwand.
Fra Narhvalens dæk så han Seattle forsvinde i det fjerne.

Es war auch das letzte Mal, dass er das warme Südland sah.
Det var også sidste gang, han nogensinde så det varme Sydland.
Perrault brachte sie unter Deck und ließ sie bei François zurück.
Perrault tog dem med ned under dæk og efterlod dem hos François.
François war ein Riese mit schwarzem Gesicht und rauen, schwieligen Händen.
François var en kæmpe med et sort ansigt og ru, hårdhudede hænder.
Er war dunkelhäutig und hatte eine dunkle Hautfarbe, ein französisch-kanadischer Mischling.
Han var mørk og gråhud; en halvblods fransk-canadier.
Für Buck waren diese Männer von einer Art, die er noch nie zuvor gesehen hatte.
For Buck var disse mænd af en slags, han aldrig havde set før.
Er würde in den kommenden Tagen viele solcher Männer kennenlernen.
Han ville komme til at kende mange sådanne mænd i de kommende dage.
Er konnte sie zwar nicht lieb gewinnen, aber er begann, sie zu respektieren.
Han blev ikke glad for dem, men han kom til at respektere dem.
Sie waren fair und weise und ließen sich von keinem Hund so leicht täuschen.
De var retfærdige og kloge og lod sig ikke let narre af nogen hund.
Sie beurteilten Hunde ruhig und bestraften sie nur, wenn es angebracht war.
De dømte hunde roligt og straffede kun, når de var fortjente.
Im Unterdeck der Narwhal trafen Buck und Curly zwei Hunde.
På Narhvalens nederste dæk mødte Buck og Krøllet to hunde.
Einer war ein großer weißer Hund aus dem fernen, eisigen Spitzbergen.

Den ene var en stor hvid hund fra det fjerne, iskolde
Spitsbergen.
**Er war einmal mit einem Walfänger gesegelt und hatte sich
einer Erkundungsgruppe angeschlossen.**
Han havde engang sejlet med en hvalfanger og været med i en
undersøgelsesgruppe.
**Er war auf eine schlaue, hinterhältige und listige Art
freundlich.**
Han var venlig på en snedig, underhånden og snu måde.
**Bei ihrer ersten Mahlzeit stahl er ein Stück Fleisch aus
Bucks Pfanne.**
Ved deres første måltid stjal han et stykke kød fra Bucks
pande.
**Buck sprang, um ihn zu bestrafen, aber François' Peitsche
schlug zuerst zu.**
Buck sprang for at straffe ham, men François' pisk ramte først.
**Der weiße Dieb schrie auf und Buck holte sich den
gestohlenen Knochen zurück.**
Den hvide tyv gøs, og Buck genvandt det stjålne ben.
**Diese Fairness beeindruckte Buck und François verdiente
sich seinen Respekt.**
Den retfærdighed imponerede Buck, og François fortjente
hans respekt.
**Der andere Hund grüßte nicht und wollte auch nichts
zurück.**
Den anden hund hilste ikke og ønskede ingen tilbage.
**Er stahl weder Essen noch beschnüffelte er die
Neuankömmlinge interessiert.**
Han stjal ikke mad og snusede heller ikke interesseret til de
nyankomne.
**Dieser Hund war grimmig und ruhig, düster und bewegte
sich langsam.**
Denne hund var dyster og stille, dyster og langsomt
bevægende.
**Er warnte Curly, sich fernzuhalten, indem er sie einfach
anstarrte.**

Han advarede Krøllet om at holde sig væk ved blot at stirre på hende.
Seine Botschaft war klar: Lass mich in Ruhe, sonst gibt es Ärger.
Hans budskab var klart: lad mig være, ellers bliver der problemer.
Er hieß Dave und nahm seine Umgebung kaum wahr.
Han hed Dave, og han bemærkede knap nok sine omgivelser.
Er schlief oft, aß ruhig und gähnte ab und zu.
Han sov ofte, spiste stille og gabte af og til.

Das Schiff summte ständig, während unten der Propeller schlug.
Skibet brummede konstant med den bankende propel nedenunder.
Die Tage vergingen, ohne dass sich viel änderte, aber das Wetter wurde kälter.
Dagene gik uden store forandringer, men vejret blev koldere.
Buck spürte es in seinen Knochen und bemerkte, dass es den anderen genauso ging.
Buck kunne mærke det i sine knogler, og bemærkede at de andre også gjorde.
Dann blieb eines Morgens der Propeller stehen und alles war still.
Så en morgen stoppede propellen, og alt var stille.
Eine Energie durchströmte das Schiff; etwas hatte sich verändert.
En energi skyllede gennem skibet; noget havde ændret sig.
François kam herunter, legte ihnen die Leinen an und brachte sie hoch.
François kom ned, satte dem i snore og bragte dem op.
Buck stieg aus und fand den Boden weich, weiß und kalt.
Buck trådte ud og fandt jorden blød, hvid og kold.
Er sprang erschrocken zurück und schnaubte völlig verwirrt.
Han sprang tilbage i alarm og fnøs i total forvirring.
Seltsames weißes Zeug fiel vom grauen Himmel.
Mærkelige hvide ting faldt ned fra den grå himmel.

Er schüttelte sich, aber die weißen Flocken landeten immer wieder auf ihm.
Han rystede sig, men de hvide flager blev ved med at lande på ham.
Er roch vorsichtig an dem weißen Zeug und leckte an ein paar eisigen Stückchen.
Han snusede forsigtigt til den hvide masse og slikkede på et par iskolde stykker.
Das Pulver brannte wie Feuer und verschwand dann einfach von seiner Zunge.
Pulveret brændte som ild og forsvandt derefter lige fra hans tunge.
Buck versuchte es noch einmal und war verwirrt über die seltsame, verschwindende Kälte.
Buck prøvede igen, forvirret over den mærkelige, forsvindende kulde.
Die Männer um ihn herum lachten und Buck war verlegen.
Mændene omkring ham lo, og Buck følte sig flov.
Er wusste nicht warum, aber er schämte sich für seine Reaktion.
Han vidste ikke hvorfor, men han skammede sig over sin reaktion.
Es war seine erste Erfahrung mit Schnee und es verwirrte ihn.
Det var hans første oplevelse med sne, og det forvirrede ham.

Das Gesetz von Keule und Fang
Loven om kølle og hugtand

Bucks erster Tag am Strand von Dyea fühlte sich wie ein schrecklicher Albtraum an.
Bucks første dag på Dyea-stranden føltes som et forfærdeligt mareridt.
Jede Stunde brachte neue Schocks und unerwartete Veränderungen für Buck.
Hver time bragte nye chok og uventede forandringer for Buck.
Er war aus der Zivilisation gerissen und ins wilde Chaos gestürzt worden.
Han var blevet trukket ud af civilisationen og kastet ud i vildt kaos.
Dies war kein sonniges, faules Leben mit Langeweile und Ruhe.
Dette var ikke et solrigt, dovent liv med kedsomhed og hvile.
Es gab keinen Frieden, keine Ruhe und keinen Moment ohne Gefahr.
Der var ingen fred, ingen hvile og intet øjeblik uden fare.
Überall herrschte Verwirrung und die Gefahr war immer in der Nähe.
Forvirring herskede over alt, og faren var altid nær.
Buck musste wachsam bleiben, denn diese Männer und Hunde waren anders.
Buck måtte være opmærksom, fordi disse mænd og hunde var forskellige.
Sie kamen nicht aus der Stadt, sie waren wild und gnadenlos.
De var ikke fra byer; de var vilde og uden nåde.
Diese Männer und Hunde kannten nur das Gesetz der Keule und der Reißzähne.
Disse mænd og hunde kendte kun loven om kølle og hugtand.
Buck hatte noch nie Hunde so kämpfen sehen wie diese wilden Huskys.
Buck havde aldrig set hunde slås som disse vilde huskyer.

Seine erste Erfahrung lehrte ihn eine Lektion, die er nie vergessen würde.
Hans første oplevelse lærte ham en lektie, han aldrig ville glemme.
Er hatte Glück, dass er es nicht war, sonst wäre auch er gestorben.
Han var heldig, at det ikke var ham, ellers var han også død.
Curly war derjenige, der litt, während Buck zusah und lernte.
Det var Krøllet, der led, mens Buck så på og lærte.
Sie hatten ihr Lager in der Nähe eines aus Baumstämmen gebauten Ladens aufgeschlagen.
De havde slået lejr i nærheden af en butik bygget af tømmerstokke.
Curly versuchte, einem großen, wolfsähnlichen Husky gegenüber freundlich zu sein.
Krøllet forsøgte at være venlig over for en stor, ulvelignende husky.
Der Husky war kleiner als Curly, sah aber wild und böse aus.
Huskyen var mindre end Krøllet, men så vild og ond ud.
Ohne Vorwarnung sprang er auf und schlug ihr ins Gesicht.
Uden varsel sprang han op og skar hendes ansigt op.
Seine Zähne schnitten in einer Bewegung von ihrem Auge bis zu ihrem Kiefer.
Hans tænder skar fra hendes øje ned til hendes kæbe i ét træk.
So kämpften Wölfe: Sie schlugen schnell zu und sprangen weg.
Sådan kæmpede ulve – de slog hurtigt og sprang væk.
Aber es gab mehr zu lernen als nur diesen einen Angriff.
Men der var mere at lære end af det ene angreb.
Dutzende Huskys stürmten herein und bildeten einen stillen Kreis.
Snesevis af huskyer stormede ind og dannede en stille cirkel.
Sie schauten aufmerksam zu und leckten sich hungrig die Lippen.
De så nøje til og slikkede sig om læberne af sult.

Buck verstand weder ihr Schweigen noch ihre begierigen Blicke.
Buck forstod ikke deres tavshed eller deres ivrige øjne.
Curly stürzte sich ein zweites Mal auf den Husky, um ihn anzugreifen.
Krøllet skyndte sig at angribe huskyen en gang til.
Mit einer kräftigen Bewegung seiner Brust warf er sie um.
Han brugte brystet til at vælte hende med et kraftigt træk.
Sie fiel auf die Seite und konnte nicht wieder aufstehen.
Hun faldt om på siden og kunne ikke komme op igen.
Darauf hatten die anderen die ganze Zeit gewartet.
Det var det, de andre havde ventet på hele tiden.
Die Huskies sprangen sie an und jaulten und knurrten wie wild.
Huskierne hoppede på hende, mens de gøede og knurrede i et vanvid.
Sie schrie, als sie unter einem Haufen Hunde begruben.
Hun skreg, da de begravede hende under en bunke hunde.
Der Angriff erfolgte so schnell, dass Buck vor Schreck erstarrte.
Angrebet var så hurtigt, at Buck frøs til af chok.
Er sah, wie Spitz die Zunge herausstreckte, als würde er lachen.
Han så Spitz stikke tungen ud på en måde, der lignede en latter.
François schnappte sich eine Axt und rannte direkt in die Hundegruppe hinein.
François greb en økse og løb direkte ind i flokken af hunde.
Drei weitere Männer halfen mit Knüppeln, die Huskies zu vertreiben.
Tre andre mænd brugte køller til at hjælpe med at jage huskyerne væk.
In nur zwei Minuten war der Kampf vorbei und die Hunde waren verschwunden.
På bare to minutter var kampen slut, og hundene var væk.
Curly lag tot im roten, zertrampelten Schnee, ihr Körper war zerfetzt.

Krøllet lå død i den røde, nedtrampede sne, hendes krop revet i stykker.
Ein dunkelhäutiger Mann stand über ihr und verfluchte die brutale Szene.
En mørkhudet mand stod over hende og bandede over den brutale scene.
Die Erinnerung blieb bei Buck und verfolgte ihn nachts in seinen Träumen.
Mindet blev hos Buck og hjemsøgte hans drømme om natten.
So war es hier: keine Fairness, keine zweite Chance.
Sådan var det her; ingen retfærdighed, ingen anden chance.
Sobald ein Hund fiel, töteten die anderen ihn gnadenlos.
Når en hund faldt, ville de andre dræbe uden nåde.
Buck beschloss damals, dass er niemals zulassen würde, dass er fällt.
Buck besluttede sig da for, at han aldrig ville tillade sig selv at falde.
Spitz streckte erneut die Zunge heraus und lachte über das Blut.
Spitz stak igen tungen ud og lo af blodet.
Von diesem Moment an hasste Buck Spitz aus vollem Herzen.
Fra det øjeblik hadede Buck Spitz af hele sit hjerte.

Bevor Buck sich von Curlys Tod erholen konnte, passierte etwas Neues.
Før Buck kunne komme sig over Krøllets død, skete der noget nyt.
François kam herüber und schnallte etwas um Bucks Körper.
François kom hen og bandt noget om Bucks krop.
Es war ein Geschirr wie das, das auf der Ranch für Pferde verwendet wurde.
Det var en sele ligesom dem, der bruges på heste på ranchen.
Buck hatte gesehen, wie Pferde arbeiteten, und nun musste auch er arbeiten.
Ligesom Buck havde set heste arbejde, skulle han nu også arbejde.

Er musste François auf einem Schlitten in den nahegelegenen Wald ziehen.
Han måtte trække François på en slæde ind i den nærliggende skov.
Anschließend musste er eine Ladung schweres Brennholz zurückziehen.
Så måtte han trække et læs tungt brænde tilbage.
Buck war stolz und deshalb tat es ihm weh, wie ein Arbeitstier behandelt zu werden.
Buck var stolt, så det gjorde ondt på ham at blive behandlet som et arbejdsdyr.
Aber er war klug und versuchte nicht, gegen die neue Situation anzukämpfen.
Men han var klog og forsøgte ikke at kæmpe imod den nye situation.
Er akzeptierte sein neues Leben und gab bei jeder Aufgabe sein Bestes.
Han accepterede sit nye liv og gav sit bedste i enhver opgave.
Alles an der Arbeit war ihm fremd und ungewohnt.
Alt ved arbejdet var mærkeligt og uvant for ham.
François war streng und verlangte unverzüglichen Gehorsam.
François var streng og krævede lydighed uden tøven.
Seine Peitsche sorgte dafür, dass jeder Befehl sofort befolgt wurde.
Hans pisk sørgede for, at enhver kommando blev fulgt med det samme.
Dave war der Schlittenführer, der Hund, der dem Schlitten hinter Buck am nächsten war.
Dave var hjulmanden, hunden nærmest slæden bag Buck.
Dave biss Buck in die Hinterbeine, wenn er einen Fehler machte.
Dave bed Buck i bagbenene, hvis han lavede en fejl.
Spitz war der Leithund und in dieser Rolle geschickt und erfahren.
Spitz var førerhunden, dygtig og erfaren i rollen.

Spitz konnte Buck nicht leicht erreichen, korrigierte ihn aber trotzdem.
Spitz kunne ikke nemt nå Buck, men rettede ham alligevel.
Er knurrte barsch oder zog den Schlitten auf eine Art, die Buck etwas beibrachte.
Han knurrede hårdt eller trak slæden på måder, der lærte Buck det.
Durch dieses Training lernte Buck schneller, als alle erwartet hatten.
Under denne træning lærte Buck hurtigere end nogen af dem forventede.
Er hat hart gearbeitet und sowohl von François als auch von den anderen Hunden gelernt.
Han arbejdede hårdt og lærte af både François og de andre hunde.
Als sie zurückkamen, kannte Buck die wichtigsten Befehle bereits.
Da de vendte tilbage, kendte Buck allerede de vigtigste kommandoer.
Von François hat er gelernt, beim Laut „ho" anzuhalten.
Han lærte at stoppe ved lyden af "ho" fra François.
Er lernte, wann er den Schlitten ziehen und rennen musste.
Han lærte det, når han skulle trække slæden og løbe.
Er lernte, in den Kurven des Weges ohne Probleme weit abzubiegen.
Han lærte at dreje bredt i sving på stien uden problemer.
Er lernte auch, Dave auszuweichen, wenn der Schlitten schnell bergab fuhr.
Han lærte også at undgå Dave, når slæden kørte hurtigt ned ad bakke.
„Das sind sehr gute Hunde", sagte François stolz zu Perrault.
"De er rigtig gode hunde," fortalte François stolt Perrault.
„Dieser Buck zieht wie der Teufel – ich bringe ihm das so schnell bei, wie ich nur kann."
"Den Buck trækker som bare pokker – jeg lærer ham det så hurtigt."

Später am Tag kam Perrault mit zwei weiteren Huskys zurück.
Senere samme dag kom Perrault tilbage med to huskyhunde mere.
Ihre Namen waren Billee und Joe und sie waren Brüder.
Deres navne var Billee og Joe, og de var brødre.
Sie stammten von derselben Mutter, waren sich aber überhaupt nicht ähnlich.
De kom fra den samme mor, men var slet ikke ens.
Billee war gutmütig und zu allen sehr freundlich.
Billee var mild og alt for venlig over for alle.
Joe war das Gegenteil – ruhig, wütend und immer am Knurren.
Joe var det modsatte – stille, vred og altid knurrende.
Buck begrüßte sie freundlich und blieb beiden gegenüber ruhig.
Buck hilste venligt på dem og var rolig over for dem begge.
Dave schenkte ihnen keine Beachtung und blieb wie üblich still.
Dave lagde ikke mærke til dem og forblev tavs som sædvanlig.
Um seine Dominanz zu demonstrieren, griff Spitz zuerst Billee und dann Joe an.
Spitz angreb først Billee, derefter Joe, for at vise sin dominans.
Billee wedelte mit dem Schwanz und versuchte, freundlich zu Spitz zu sein.
Billee logrede med halen og prøvede at være venlig over for Spitz.
Als das nicht funktionierte, versuchte er stattdessen wegzulaufen.
Da det ikke virkede, prøvede han i stedet at stikke af.
Er weinte traurig, als Spitz ihn fest in die Seite biss.
Han græd sørgmodigt, da Spitz bed ham hårdt i siden.
Aber Joe war ganz anders und ließ sich nicht einschüchtern.
Men Joe var meget anderledes og nægtede at blive mobbet.
Jedes Mal, wenn Spitz näher kam, drehte sich Joe schnell um, um ihm in die Augen zu sehen.

Hver gang Spitz kom i nærheden, drejede Joe sig hurtigt om for at stå ansigt til ansigt med ham.

Sein Fell sträubte sich, seine Lippen kräuselten sich und seine Zähne schnappten wild.

Hans pels strittede, hans læber krøllede sig sammen, og hans tænder knækkede vildt.

Joes Augen glänzten vor Angst und Wut und forderten Spitz heraus, zuzuschlagen.

Joes øjne glimtede af frygt og raseri og udfordrede Spitz til at slå til.

Spitz gab den Kampf auf und wandte sich gedemütigt und wütend ab.

Spitz opgav kampen og vendte sig væk, ydmyget og vred.

Er ließ seine Frustration an dem armen Billee aus und jagte ihn davon.

Han lod sin frustration ud over stakkels Billee og jog ham væk.

An diesem Abend fügte Perrault dem Team einen weiteren Hund hinzu.

Den aften tilføjede Perrault endnu en hund til holdet.

Dieser Hund war alt, mager und mit Kampfnarben übersät.

Denne hund var gammel, mager og dækket af kampar.

Eines seiner Augen fehlte, doch das andere blitzte kraftvoll auf.

Det ene af hans øjne manglede, men det andet glimtede af kraft.

Der neue Hund hieß Solleks, was „der Wütende" bedeutet.

Den nye hunds navn var Solleks, hvilket betød den Vrede.

Wie Dave verlangte Solleks nichts von anderen und gab nichts zurück.

Ligesom Dave bad Solleks ikke andre om noget og gav intet tilbage.

Als Solleks langsam ins Lager ging, blieb sogar Spitz fern.

Da Solleks langsomt gik ind i lejren, holdt selv Spitz sig væk.

Er hatte eine seltsame Angewohnheit, die Buck unglücklicherweise entdeckte.

Han havde en mærkelig vane, som Buck var uheldig at opdage.

Solleks hasste es, von der Seite angesprochen zu werden, auf der er blind war.

Solleks hadede at blive kontaktet fra den side, hvor han var blind.

Buck wusste das nicht und machte diesen Fehler versehentlich.

Buck vidste ikke dette og begik den fejl ved et uheld.

Solleks wirbelte herum und versetzte Buck einen schnellen, tiefen Schlag auf die Schulter.

Solleks snurrede rundt og skar Bucks skulder dybt og hurtigt.

Von diesem Moment an kam Buck nie wieder in die Nähe von Solleks' blinder Seite.

Fra det øjeblik kom Buck aldrig i nærheden af Solleks' blinde side.

Für den Rest ihrer gemeinsamen Zeit gab es nie wieder Probleme.

De havde aldrig problemer igen resten af deres tid sammen.

Solleks wollte nur in Ruhe gelassen werden, wie der ruhige Dave.

Solleks ville bare være i fred, ligesom den stille Dave.

Doch Buck erfuhr später, dass jeder von ihnen ein anderes geheimes Ziel hatte.

Men Buck skulle senere finde ud af, at de hver især havde et andet hemmeligt mål.

In dieser Nacht stand Buck vor einer neuen und beunruhigenden Herausforderung: Wie sollte er schlafen?

Den nat stod Buck over for en ny og bekymrende udfordring – hvordan han skulle sove.

Das Zelt leuchtete warm im Kerzenlicht auf dem schneebedeckten Feld.

Teltet glødede varmt af stearinlysets skær i den snedækkede mark.

Buck ging hinein und dachte, er könnte sich dort wie zuvor ausruhen.

Buck gik indenfor og tænkte, at han kunne hvile sig der ligesom før.
Aber Perrault und François schrien ihn an und warfen Pfannen.
Men Perrault og François råbte ad ham og kastede med pander.
Schockiert und verwirrt rannte Buck in die eisige Kälte hinaus.
Chokeret og forvirret løb Buck ud i den iskolde kulde.
Ein bitterkalter Wind stach ihm in die verletzte Schulter und ließ seine Pfoten erfrieren.
En bitter vind stak i hans sårede skulder og frøs hans poter.
Er legte sich in den Schnee und versuchte, im Freien zu schlafen.
Han lagde sig ned i sneen og prøvede at sove ude i det fri.
Doch die Kälte zwang ihn bald, heftig zitternd wieder aufzustehen.
Men kulden tvang ham snart til at rejse sig igen, rystende voldsomt.
Er wanderte durch das Lager und versuchte, ein wärmeres Plätzchen zu finden.
Han vandrede gennem lejren og forsøgte at finde et varmere sted.
Aber jede Ecke war genauso kalt wie die vorherige.
Men hvert hjørne var lige så koldt som det foregående.
Manchmal sprangen ihn wilde Hunde aus der Dunkelheit an.
Nogle gange sprang vilde hunde på ham fra mørket.
Buck sträubte sein Fell, fletschte die Zähne und knurrte warnend.
Buck strittede i pelsen, blottede tænderne og knurrede advarende.
Er lernte schnell und die anderen Hunde zogen sich schnell zurück.
Han lærte hurtigt, og de andre hunde bakkede hurtigt væk.
Trotzdem hatte er keinen Platz zum Schlafen und keine Ahnung, was er tun sollte.

Alligevel havde han intet sted at sove, og ingen anelse om, hvad han skulle gøre.

Endlich kam ihm ein Gedanke: Er sollte nach seinen Teamkollegen sehen.

Endelig slog ham en tanke – se til sine holdkammerater.

Er kehrte in ihre Gegend zurück und war überrascht, dass sie verschwunden waren.

Han vendte tilbage til deres område og blev overrasket over at finde dem væk.

Erneut durchsuchte er das Lager, konnte sie jedoch immer noch nicht finden.

Igen gennemsøgte han lejren, men kunne stadig ikke finde dem.

Er wusste, dass sie nicht im Zelt sein durften, sonst wäre er auch dort gewesen.

Han vidste, at de ikke kunne være i teltet, ellers ville han også være det.

Wo also waren all die Hunde in diesem eisigen Lager geblieben?

Så hvor var alle hundene blevet af i denne frosne lejr?

Buck, kalt und elend, umrundete langsam das Zelt.

Buck, kold og ulykkelig, cirklede langsomt rundt om teltet.

Plötzlich sanken seine Vorderbeine in den weichen Schnee und er erschrak.

Pludselig sank hans forben ned i den bløde sne og forskrækkede ham.

Etwas zappelte unter seinen Füßen und er sprang ängstlich zurück.

Noget vrikkede sig under hans fødder, og han sprang tilbage i frygt.

Er knurrte und fauchte, ohne zu wissen, was sich unter dem Schnee verbarg.

Han knurrede og knurrede, uden at vide, hvad der lå under sneen.

Dann hörte er ein freundliches kleines Bellen, das seine Angst linderte.

Så hørte han et venligt lille gøen, der lindrede hans frygt.

Er schnüffelte in der Luft und kam näher, um zu sehen, was verborgen war.
Han snusede i luften og kom tættere på for at se, hvad der gemte sig.
Unter dem Schnee lag, zu einer warmen Kugel zusammengerollt, der kleine Billee.
Under sneen, krøllet sammen til en varm kugle, lå lille Billee.
Billee wedelte mit dem Schwanz und leckte Bucks Gesicht zur Begrüßung.
Billee logrede med halen og slikkede Bucks ansigt for at hilse på ham.
Buck sah, wie Billee im Schnee einen Schlafplatz gebaut hatte.
Buck så, hvordan Billee havde lavet en soveplads i sneen.
Er hatte sich eingegraben und nutzte seine eigene Wärme, um sich warm zu halten.
Han havde gravet sig ned og brugt sin egen varme til at holde sig varm.
Buck hatte eine weitere Lektion gelernt – so schliefen die Hunde.
Buck havde lært endnu en lektie – det var sådan hundene sov.
Er suchte sich eine Stelle aus und begann, sein eigenes Loch in den Schnee zu graben.
Han valgte et sted og begyndte at grave sit eget hul i sneen.
Anfangs bewegte er sich zu viel und verschwendete Energie.
I starten bevægede han sig for meget rundt og spildte energi.
Doch bald erwärmte sein Körper den Raum und er fühlte sich sicher.
Men snart varmede hans krop rummet op, og han følte sig tryg.
Er rollte sich fest zusammen und schlief bald fest.
Han krøllede sig tæt sammen, og inden længe sov han dybt.
Der Tag war lang und hart gewesen und Buck war erschöpft.
Dagen havde været lang og hård, og Buck var udmattet.
Er schlief tief und fest, obwohl seine Träume wild waren.
Han sov dybt og behageligt, selvom hans drømme var vilde.
Er knurrte und bellte im Schlaf und wand sich im Traum.

Han knurrede og gøede i søvne, og vred sig, mens han drømte.

Buck wachte erst auf, als im Lager bereits Leben erwachte.
Buck vågnede ikke, før lejren allerede var begyndt at vågne til liv.
Zuerst wusste er nicht, wo er war oder was passiert war.
I starten vidste han ikke, hvor han var, eller hvad der var sket.
Über Nacht war Schnee gefallen und hatte seinen Körper vollständig begraben.
Sneen var faldet natten over og begravede hans krop fuldstændigt.
Der Schnee umgab ihn von allen Seiten dicht.
Sneen pressede sig tæt omkring ham, tæt på alle sider.
Plötzlich durchfuhr eine Welle der Angst Bucks ganzen Körper.
Pludselig skyllede en bølge af frygt gennem hele Bucks krop.
Es war die Angst, gefangen zu sein, eine Angst aus tiefen Instinkten.
Det var frygten for at blive fanget, en frygt fra dybe instinkter.
Obwohl er noch nie eine Falle gesehen hatte, lebte die Angst in ihm.
Selvom han aldrig havde set en fælde, levede frygten indeni ham.
Er war ein zahmer Hund, aber jetzt erwachten seine alten wilden Instinkte.
Han var en tam hund, men nu vågnede hans gamle vilde instinkter.
Bucks Muskeln spannten sich an und sein Fell stellte sich auf seinem ganzen Rücken auf.
Bucks muskler spændtes, og hans pels rejste sig over hele ryggen.
Er knurrte wild und sprang senkrecht durch den Schnee nach oben.
Han knurrede voldsomt og sprang direkte op gennem sneen.
Als er ins Tageslicht trat, flog Schnee in alle Richtungen.
Sneen fløj i alle retninger, da han brød ud i dagslyset.

Schon vor der Landung sah Buck das Lager vor sich ausgebreitet.
Selv før landing så Buck lejren brede sig ud foran sig.
Er erinnerte sich auf einmal an alles vom Vortag.
Han huskede alt fra dagen før, på én gang.
Er erinnerte sich daran, wie er mit Manuel spazieren gegangen war und an diesem Ort gelandet war.
Han huskede, at han slentrede med Manuel og endte på dette sted.
Er erinnerte sich daran, wie er das Loch gegraben hatte und in der Kälte eingeschlafen war.
Han huskede, at han havde gravet hullet og faldet i søvn i kulden.
Jetzt war er wach und die wilde Welt um ihn herum war klar.
Nu var han vågen, og den vilde verden omkring ham var klar.
Ein Ruf von François begrüßte Bucks plötzliches Auftauchen.
Et råb fra François hyldede Bucks pludselige tilsynekomst.
„Was habe ich gesagt?", rief der Hundeführer Perrault laut zu.
"Hvad sagde jeg?" råbte hundeføreren højt til Perrault.
„Dieser Buck lernt wirklich sehr schnell", fügte François hinzu.
"Den Buck lærer helt sikkert hurtigt," tilføjede François.
Perrault nickte ernst und war offensichtlich mit dem Ergebnis zufrieden.
Perrault nikkede alvorligt, tydeligt tilfreds med resultatet.
Als Kurier für die kanadische Regierung beförderte er Depeschen.
Som kurer for den canadiske regering bar han forsendelser.
Er war bestrebt, die besten Hunde für seine wichtige Mission zu finden.
Han var ivrig efter at finde de bedste hunde til sin vigtige mission.
Er war besonders erfreut, dass Buck nun Teil des Teams war.
Han følte sig særligt glad nu, da Buck var en del af holdet.

Innerhalb einer Stunde kamen drei weitere Huskies zum Team hinzu.
Tre yderligere huskies blev føjet til holdet inden for en time.
Damit betrug die Gesamtzahl der Hunde im Team neun.
Det bragte det samlede antal hunde på holdet op på ni.
Innerhalb von fünfzehn Minuten lagen alle Hunde im Geschirr.
Inden for femten minutter var alle hundene i deres seler.
Das Schlittenteam schwang sich den Weg hinauf in Richtung Dyea Cañon.
Slædeholdet svingede op ad stien mod Dyea Cañon.
Buck war froh, gehen zu können, auch wenn die Arbeit, die vor ihm lag, hart war.
Buck var glad for at skulle afsted, selvom arbejdet forude var hårdt.
Er stellte fest, dass er weder die Arbeit noch die Kälte besonders verabscheute.
Han opdagede, at han ikke særlig foragtede arbejdet eller kulden.
Er war überrascht von der Begeisterung, die das gesamte Team erfüllte.
Han var overrasket over den iver, der fyldte hele holdet.
Noch überraschender war die Veränderung, die bei Dave und Solleks vor sich ging.
Endnu mere overraskende var den forandring, der var kommet over Dave og Solleks.
Diese beiden Hunde waren völlig unterschiedlich, als sie ein Geschirr trugen.
Disse to hunde var helt forskellige, da de var spændt i sele.
Ihre Passivität und Sorglosigkeit waren völlig verschwunden.
Deres passivitet og mangel på bekymring var fuldstændig forsvundet.
Sie waren aufmerksam und aktiv und bestrebt, ihre Arbeit gut zu machen.
De var årvågne og aktive og ivrige efter at udføre deres arbejde godt.

Sie reagierten äußerst verärgert über alles, was zu Verzögerungen oder Verwirrung führte.
De blev voldsomt irriterede over alt, der forårsagede forsinkelse eller forvirring.
Die harte Arbeit an den Zügeln stand im Mittelpunkt ihres gesamten Wesens.
Det hårde arbejde med tøjlerne var centrum for hele deres væsen.
Das Schlittenziehen schien das Einzige zu sein, was ihnen wirklich Spaß machte.
Slædetrækning syntes at være det eneste, de virkelig nød.
Dave war am Ende der Gruppe und dem Schlitten am nächsten.
Dave var bagest i gruppen, tættest på selve slæden.
Buck landete vor Dave und Solleks zog an Buck vorbei.
Buck blev placeret foran Dave, og Solleks trak foran Buck.
Die übrigen Hunde liefen in einer Reihe vorn.
Resten af hundene var trukket ud foran i én række.
Die Führungsposition an der Spitze besetzte Spitz.
Den førende position i front blev udfyldt af Spitz.
Buck war zur Einweisung zwischen Dave und Solleks platziert worden.
Buck var blevet placeret mellem Dave og Solleks for at få instruktion.
Er lernte schnell und sie waren strenge und fähige Lehrer.
Han var hurtig til at lære, og de var bestemte og dygtige lærere.
Sie ließen nie zu, dass Buck lange im Irrtum blieb.
De lod aldrig Buck forblive på vildspor længe.
Sie erteilten ihre Lektionen, wenn nötig, mit scharfen Zähnen.
De underviste deres lektioner med skarpe tænder, når det var nødvendigt.
Dave war fair und zeigte eine ruhige, ernste Art von Weisheit.
Dave var retfærdig og udviste en stille, seriøs form for visdom.

Er hat Buck nie ohne guten Grund gebissen.
Han bed aldrig Buck uden en god grund til det.
Aber er hat es nie versäumt, zuzubeißen, wenn Buck eine Korrektur brauchte.
Men han undlod altid at bide, når Buck havde brug for at blive irettesat.
François' Peitsche war immer bereit und untermauerte ihre Autorität.
François' pisk var altid klar og bakkede deres autoritet op.
Buck merkte bald, dass es besser war zu gehorchen, als sich zu wehren.
Buck fandt snart ud af, at det var bedre at adlyde end at kæmpe imod.
Einmal verhedderte sich Buck während einer kurzen Pause in den Zügeln.
Engang, under en kort pause, viklede Buck sig ind i tøjlerne.
Er verzögerte den Start und brachte die Bewegungen des Teams durcheinander.
Han forsinkede starten og forstyrrede holdets bevægelser.
Dave und Solleks stürzten sich auf ihn und verprügelten ihn brutal.
Dave og Solleks fløj efter ham og gav ham et hårdt tæsk.
Das Gewirr wurde nur noch schlimmer, aber Buck lernte seine Lektion.
Virvaret blev kun værre, men Buck lærte sin lektie godt.
Von da an hielt er die Zügel straff und arbeitete vorsichtig.
Fra da af holdt han tøjlerne stram og arbejdede omhyggeligt.
Bevor der Tag zu Ende war, hatte Buck einen Großteil seiner Aufgabe gemeistert.
Inden dagen var omme, havde Buck mestret en stor del af sin opgave.
Seine Teamkollegen hörten fast auf, ihn zu korrigieren oder zu beißen.
Hans holdkammerater holdt næsten op med at rette eller bide ham.
François' Peitsche knallte immer seltener durch die Luft.
François' pisk knaldede sjældnere og sjældnere gennem luften.

Perrault hob sogar Bucks Füße an und untersuchte sorgfältig jede Pfote.
Perrault løftede endda Bucks fødder og undersøgte omhyggeligt hver pote.
Es war ein harter Tageslauf gewesen, lang und anstrengend für alle.
Det havde været en hård løbetur, lang og udmattende for dem alle.
Sie reisten den Cañon hinauf, durch Sheep Camp und an den Scales vorbei.
De rejste op ad Cañon, gennem Sheep Camp og forbi Scales.
Sie überquerten die Baumgrenze, dann Gletscher und meterhohe Schneeverwehungen.
De krydsede trægrænsen, derefter gletsjere og snedriver, der var mange meter dybe.
Sie erklommen die große, kalte und unwirtliche Chilkoot-Wasserscheide.
De besteg den store, kolde og uhyggelige Chilkoot-kløft.
Dieser hohe Bergrücken lag zwischen Salzwasser und dem gefrorenen Landesinneren.
Den høje højderyg stod mellem saltvand og det frosne indre.
Die Berge bewachten den traurigen und einsamen Norden mit Eis und steilen Anstiegen.
Bjergene beskyttede det triste og ensomme Nord med is og stejle stigninger.
Sie kamen gut voran und erreichten eine lange Kette von Seen unterhalb der Wasserscheide.
De havde god tid ned ad en lang kæde af søer nedenfor kløften.
Diese Seen füllten die alten Krater erloschener Vulkane.
Disse søer fyldte de gamle kratere af udslukte vulkaner.
Spät in der Nacht erreichten sie ein großes Lager am Lake Bennett.
Sent på aftenen nåede de en stor lejr ved Lake Bennett.
Tausende Goldsucher waren dort und bauten Boote für den Frühling.
Tusindvis af guldsøgere var der og byggede både til foråret.

Das Eis würde bald aufbrechen und sie mussten bereit sein.
Isen ville snart bryde op, og de måtte være klar.
Buck grub sein Loch in den Schnee und fiel in einen tiefen Schlaf.
Buck gravede sit hul i sneen og faldt i en dyb søvn.
Er schlief wie ein Arbeiter, erschöpft von einem harten Arbeitstag.
Han sov som en arbejder, udmattet efter den hårde dags slid.
Doch zu früh wurde er in der Dunkelheit aus dem Schlaf gerissen.
Men for tidligt i mørket blev han hevet ud af søvnen.
Er wurde wieder mit seinen Kumpels angeschirrt und vor den Schlitten gespannt.
Han blev spændt for sammen med sine kammerater igen og fastgjort til slæden.
An diesem Tag legten sie sechzig Kilometer zurück, weil der Schnee festgetreten war.
Den dag tilbagelagde de fyrre mil, fordi sneen var godt trådt ned.
Am nächsten Tag und noch viele Tage danach war der Schnee weich.
Den næste dag, og i mange dage efter, var sneen blød.
Sie mussten den Weg selbst bahnen, härter arbeiten und langsamer vorankommen.
De måtte selv lave stien, arbejde hårdere og bevæge sig langsommere.
Normalerweise ging Perrault mit Schwimmhäuten an den Schneeschuhen vor dem Team her.
Normalt gik Perrault foran holdet med snesko med svømmehud.
Seine Schritte verdichteten den Schnee und erleichterten so die Fortbewegung des Schlittens.
Hans skridt pakket sneen, hvilket gjorde det lettere for slæden at bevæge sig.
François, der vom Steuerstand aus steuerte, übernahm manchmal die Kontrolle.
François, der styrede fra gee-pole, tog sommetider over.

Aber es kam selten vor, dass François die Führung übernahm
Men det var sjældent, at François tog føringen
weil Perrault es eilig hatte, die Briefe und Pakete auszuliefern.
fordi Perrault havde travlt med at omdele brevene og pakkerne.
Perrault war stolz auf sein Wissen über Schnee und insbesondere Eis.
Perrault var stolt af sin viden om sne, og især is.
Dieses Wissen war von entscheidender Bedeutung, da das Eis im Herbst gefährlich dünn war.
Den viden var essentiel, fordi efterårsisen var faretruende tynd.
Wo das Wasser unter der Oberfläche schnell floss, gab es überhaupt kein Eis.
Hvor vandet flød hurtigt under overfladen, var der slet ingen is.

Tag für Tag wiederholte sich endlos die gleiche Routine.
Dag efter dag gentog den samme rutine sig uden ende.
Buck arbeitete unermüdlich von morgens bis abends in den Zügeln.
Buck sled uendeligt i tøjlerne fra daggry til nat.
Sie verließen das Lager im Dunkeln, lange bevor die Sonne aufgegangen war.
De forlod lejren i mørket, længe før solen var stået op.
Als es Tag wurde, hatten sie bereits viele Kilometer zurückgelegt.
Da dagslyset kom, var der allerede mange kilometer bag dem.
Sie schlugen ihr Lager nach Einbruch der Dunkelheit auf, aßen Fisch und gruben sich in den Schnee ein.
De slog lejr efter mørkets frembrud, spiste fisk og gravede sig ned i sneen.
Buck war immer hungrig und mit seiner Ration nie wirklich zufrieden.
Buck var altid sulten og aldrig helt tilfreds med sin ration.

Er erhielt jeden Tag anderthalb Pfund getrockneten Lachs.
Han fik halvandet pund tørret laks hver dag.
Doch das Essen schien in ihm zu verschwinden und ließ den Hunger zurück.
Men maden syntes at forsvinde indeni ham og efterlod sulten.
Er litt unter ständigem Hunger und träumte von mehr Essen.
Han led af konstant sult og drømte om mere mad.
Die anderen Hunde haben nur ein Pfund abgenommen, sind aber stark geblieben.
De andre hunde fik kun et pund mad, men de forblev stærke.
Sie waren kleiner und in das Leben im Norden hineingeboren.
De var mindre og var født ind i det nordlige liv.
Er verlor rasch die Sorgfalt, die sein früheres Leben geprägt hatte.
Han mistede hurtigt den omhu, der havde præget hans gamle liv.
Er war ein gieriger Esser gewesen, aber jetzt war das nicht mehr möglich.
Han havde været en lækkerbisken, men nu var det ikke længere muligt.
Seine Kameraden waren zuerst fertig und raubten ihm seine noch nicht aufgegessene Ration.
Hans venner blev først færdige og røvede ham for hans uafsluttede ration.
Als sie einmal damit anfingen, gab es keine Möglichkeit mehr, sein Essen vor ihnen zu verteidigen.
Da de først var begyndt, var der ingen måde at forsvare hans mad mod dem.
Während er zwei oder drei Hunde abwehrte, stahlen die anderen den Rest.
Mens han slog to eller tre hunde væk, stjal de andre resten.
Um dies zu beheben, begann er, so schnell zu essen wie die anderen.
For at løse dette begyndte han at spise lige så hurtigt som de andre spiste.

Der Hunger trieb ihn so sehr an, dass er sogar Essen zu sich nahm, das ihm nicht gehörte.
Sulten pressede ham så hårdt, at han endda spiste mad, der ikke var sin egen.
Er beobachtete die anderen und lernte schnell aus ihren Handlungen.
Han iagttog de andre og lærte hurtigt af deres handlinger.
Er sah, wie Pike, ein neuer Hund, Perrault eine Scheibe Speck stahl.
Han så Pike, en ny hund, stjæle et stykke bacon fra Perrault.
Pike hatte gewartet, bis Perrault sich umdrehte, um den Speck zu stehlen.
Pike havde ventet, indtil Perrault var vendt ryggen til, for at stjæle baconet.
Am nächsten Tag machte Buck es Pike nach und stahl das ganze Stück.
Næste dag kopierede Buck Pike og stjal hele stykket.
Es folgte ein großer Aufruhr, doch Buck wurde nicht verdächtigt.
Et stort oprør fulgte, men Buck var ikke mistænkt.
Stattdessen wurde Dub bestraft, ein tollpatschiger Hund, der immer erwischt wurde.
Dub, en klodset hund der altid blev fanget, blev i stedet straffet.
Dieser erste Diebstahl machte Buck zu einem Hund, der in der Lage war, im Norden zu überleben.
Det første tyveri markerede Buck som en hund, der var egnet til at overleve i Norden.
Er zeigte, dass er sich an neue Bedingungen anpassen und schnell lernen konnte.
Han viste, at han kunne tilpasse sig nye forhold og lære hurtigt.
Ohne diese Anpassungsfähigkeit wäre er schnell und auf schlimme Weise gestorben.
Uden en sådan tilpasningsevne ville han være død hurtigt og alvorligt.

Es markierte auch den Zusammenbruch seiner moralischen Natur und seiner früheren Werte.
Det markerede også et sammenbrud af hans moralske natur og tidligere værdier.
Im Südland hatte er nach dem Gesetz der Liebe und Güte gelebt.
I Sydlandet havde han levet under kærlighedens og venlighedens lov.
Dort war es sinnvoll, Eigentum und die Gefühle anderer Hunde zu respektieren.
Der gav det mening at respektere ejendom og andre hundes følelser.
Aber das Nordland befolgte das Gesetz der Keule und das Gesetz der Reißzähne.
Men Northland fulgte kølleloven og hugtandloven.
Wer hier alte Werte respektierte, war dumm und würde scheitern.
Den, der respekterede gamle værdier her, var tåbelig og ville fejle.
Buck hat das alles nicht durchdacht.
Buck tænkte ikke alt dette igennem i sit hoved.
Er war fit und passte sich daher an, ohne darüber nachdenken zu müssen.
Han var i form, så han tilpassede sig uden at behøve at tænke.
Sein ganzes Leben lang war er noch nie vor einem Kampf davongelaufen.
Hele sit liv var han aldrig løbet væk fra en kamp.
Doch die Holzkeule des Mannes im roten Pullover änderte diese Regel.
Men trækøllen til manden i den røde sweater ændrede den regel.
Jetzt folgte er einem tieferen, älteren Code, der in sein Wesen eingeschrieben war.
Nu fulgte han en dybere, ældre kodeks skrevet ind i hans væsen.
Er stahl nicht aus Vergnügen, sondern aus Hunger.
Han stjal ikke af nydelse, men af sultens smerte.

Er raubte nie offen, sondern stahl mit List und Sorgfalt.
Han røvede aldrig åbenlyst, men stjal med list og omhu.
Er handelte aus Respekt vor der Holzkeule und aus Angst vor dem Fangzahn.
Han handlede af respekt for trækøllen og frygt for hugtand.
Kurz gesagt, er hat das getan, was einfacher und sicherer war, als es nicht zu tun.
Kort sagt, han gjorde det, der var nemmere og sikrere end ikke at gøre det.
Seine Entwicklung – oder vielleicht seine Rückkehr zu alten Instinkten – verlief schnell.
Hans udvikling – eller måske hans tilbagevenden til gamle instinkter – var hurtig.
Seine Muskeln verhärteten sich, bis sie sich stark wie Eisen anfühlten.
Hans muskler blev hårde, indtil de føltes stærke som jern.
Schmerzen machten ihm nichts mehr aus, es sei denn, sie waren ernst.
Han var ligeglad med smerten længere, medmindre den var alvorlig.
Er wurde durch und durch effizient und verschwendete überhaupt nichts.
Han blev effektiv både indvendigt og udvendigt og spildte ingenting.
Er konnte Dinge essen, die scheußlich, verdorben oder schwer verdaulich waren.
Han kunne spise ting, der var modbydelige, rådne eller svære at fordøje.
Was auch immer er aß, sein Magen verbrauchte das letzte bisschen davon.
Uanset hvad han spiste, brugte hans mave hver en smule af værdi.
Sein Blut transportierte die Nährstoffe weit durch seinen kräftigen Körper.
Hans blod bar næringsstofferne langt gennem hans kraftfulde krop.

Dadurch baute er starkes Gewebe auf, das ihm eine unglaubliche Ausdauer verlieh.
Dette opbyggede stærkt væv, der gav ham utrolig udholdenhed.
Sein Seh- und Geruchssinn wurden viel feiner als zuvor.
Hans syn og lugtesans blev meget mere følsomme end før.
Sein Gehör wurde so scharf, dass er im Schlaf leise Geräusche wahrnehmen konnte.
Hans hørelse blev så skarp, at han kunne opfatte svage lyde i søvne.
In seinen Träumen wusste er, ob die Geräusche Sicherheit oder Gefahr bedeuteten.
Han vidste i sine drømme, om lydene betød sikkerhed eller fare.
Er lernte, mit den Zähnen auf das Eis zwischen seinen Zehen zu beißen.
Han lærte at bide i isen mellem tæerne med tænderne.
Wenn ein Wasserloch zufror, brach er das Eis mit seinen Beinen.
Hvis et vandhul frøs til, ville han bryde isen med benene.
Er bäumte sich auf und schlug mit seinen steifen Vorderbeinen hart auf das Eis.
Han rejste sig og slog hårdt i isen med stive forlemmer.
Seine bemerkenswerteste Fähigkeit war die Vorhersage von Windänderungen über Nacht.
Hans mest slående evne var at forudsige vindændringer natten over.
Selbst bei Windstille suchte er sich windgeschützte Stellen aus.
Selv når luften var stille, valgte han steder i læ for vinden.
Wo auch immer er sein Nest grub, der Wind des nächsten Tages strich an ihm vorbei.
Hvor end han gravede sin rede, blæste den næste dags vind forbi ham.
Er landete immer gemütlich und geschützt, in Lee der Brise.
Han endte altid lunt og beskyttet, i læ af vinden.

Buck hat nicht nur durch Erfahrung gelernt – auch seine Instinkte sind zurückgekehrt.
Buck lærte ikke kun af erfaring – hans instinkter vendte også tilbage.
Die Gewohnheiten der domestizierten Generationen begannen zu verschwinden.
De domesticerede generationers vaner begyndte at falde væk.
Er erinnerte sich vage an die alten Zeiten seiner Rasse.
På vage måder huskede han sin races oldtid.
Er dachte an die Zeit zurück, als wilde Hunde in Rudeln durch die Wälder rannten.
Han tænkte tilbage på dengang vilde hunde løb i flok gennem skovene.
Sie hatten ihre Beute gejagt und getötet, während sie sie verfolgten.
De havde jagtet og dræbt deres bytte, mens de løb efter det.
Buck lernte leicht, mit Biss und Schnelligkeit zu kämpfen.
Det var let for Buck at lære at kæmpe med tænder og fart.
Er verwendete Schnitte, Hiebe und schnelle Schnappschüsse, genau wie seine Vorfahren.
Han brugte snit, hug og hurtige snaps ligesom sine forfædre.
Diese Vorfahren regten sich in ihm und erweckten seine wilde Natur.
Disse forfædre rørte sig i ham og vækkede hans vilde natur.
Ihre alten Fähigkeiten waren ihm durch die Blutlinie vererbt worden.
Deres gamle færdigheder var gået i arv til ham.
Ihre Tricks gehörten ihm nun, ohne dass er üben oder sich anstrengen musste.
Deres tricks var nu hans, uden behov for øvelse eller anstrengelse.

In stillen, kalten Nächten hob Buck die Nase und heulte.
På stille, kolde nætter løftede Buck næsen og hylede.
Er heulte lang und tief, so wie es die Wölfe vor langer Zeit getan hatten.

Han hylede længe og dybt, sådan som ulve havde gjort for længe siden.

Durch ihn streckten seine toten Vorfahren ihre Nasen und heulten.

Gennem ham pegede hans afdøde forfædre næsen og hylede.

Sie heulten durch die Jahrhunderte mit seiner Stimme und Gestalt.

De hylede ned gennem århundrederne i hans stemme og skikkelse.

Seine Kadenzen waren ihre, alte Schreie, die von Kummer und Kälte erzählten.

Hans kadencer var deres, gamle råb, der fortalte om sorg og kulde.

Sie sangen von Dunkelheit, Hunger und der Bedeutung des Winters.

De sang om mørke, om sult og vinterens betydning.

Buck bewies, wie das Leben von Kräften jenseits des eigenen Ichs geprägt wird.

Buck beviste, hvordan livet formes af kræfter ud over én selv,

Das uralte Lied stieg durch Buck auf und ergriff seine Seele.

den gamle sang steg gennem Buck og greb fat i hans sjæl.

Er fand sich selbst, weil Menschen im Norden Gold gefunden hatten.

Han fandt sig selv, fordi mænd havde fundet guld i Norden.

Und er fand sich selbst, weil Manuel, der Gärtnergehilfe, Geld brauchte.

Og han fandt sig selv, fordi Manuel, gartnerens hjælper, havde brug for penge.

Das dominante Urtier
Det dominerende urdyr

In Buck war das dominante Urtier so stark wie eh und je.
Det dominerende urdyr var lige så stærkt som altid i Buck.
Doch das dominante Urtier hatte in ihm geschlummert.
Men det dominerende urdyr havde ligget i dvale i ham.
Das Leben auf dem Trail war hart, aber es stärkte das Tier in Buck.
Livet på stien var hårdt, men det styrkede dyret indeni Buck.
Insgeheim wurde das Biest von Tag zu Tag stärker.
Hemmeligt blev udyret stærkere og stærkere for hver dag.
Doch dieses innere Wachstum blieb der Außenwelt verborgen.
Men den indre vækst forblev skjult for omverdenen.
In Buck baute sich eine stille und ruhige Urkraft auf.
En stille og rolig urkraft var ved at bygge sig op inde i Buck.
Neue Gerissenheit verlieh Buck Gleichgewicht, Ruhe und Selbstbeherrschung.
Ny list gav Buck balance, rolig kontrol og raseri.
Buck konzentrierte sich sehr auf die Anpassung und fühlte sich nie völlig entspannt.
Buck fokuserede hårdt på at tilpasse sig og følte sig aldrig helt afslappet.
Er ging Konflikten aus dem Weg, fing nie Streit an und suchte auch nie Ärger.
Han undgik konflikter, startede aldrig skænderier eller opsøgte problemer.
Jede Bewegung von Buck war von langsamer, stetiger Nachdenklichkeit geprägt.
En langsom, støt eftertænksomhed formede hver eneste bevægelse af Buck.
Er vermied überstürzte Entscheidungen und plötzliche, rücksichtslose Entschlüsse.
Han undgik forhastede valg og pludselige, hensynsløse beslutninger.

Obwohl Buck Spitz zutiefst hasste, zeigte er ihm gegenüber keine Aggression.
Selvom Buck hadede Spitz dybt, viste han ham ingen aggression.
Buck hat Spitz nie provoziert und sein Verhalten zurückhaltend gehalten.
Buck provokerede aldrig Spitz og holdt sine handlinger tilbage.
Spitz hingegen spürte die wachsende Gefahr, die von Buck ausging.
Spitz fornemmede derimod den voksende fare i Buck.
Er sah in Buck eine Bedrohung und eine ernsthafte Herausforderung seiner Macht.
Han så Buck som en trussel og en alvorlig udfordring for sin magt.
Er nutzte jede Gelegenheit, um zu knurren und seine scharfen Zähne zu zeigen.
Han benyttede enhver lejlighed til at knurre og vise sine skarpe tænder.
Er versuchte, den tödlichen Kampf zu beginnen, der bevorstand.
Han forsøgte at starte den dødbringende kamp, der måtte komme.
Schon zu Beginn der Reise wäre es beinahe zu einem Streit zwischen ihnen gekommen.
Tidligt på turen brød der næsten ud et slagsmål mellem dem.
Doch ein unerwarteter Unfall verhinderte den Kampf.
Men en uventet ulykke forhindrede kampen.
An diesem Abend schlugen sie ihr Lager am bitterkalten Lake Le Barge auf.
Den aften slog de lejr ved den bidende kolde sø Le Barge.
Es schneite heftig und der Wind war schneidend wie ein Messer.
Sneen faldt hårdt, og vinden skar som en kniv.
Die Nacht war zu schnell hereingebrochen und Dunkelheit umgab sie.
Natten kom alt for hurtigt, og mørket omgav dem.

Sie hätten sich kaum einen schlechteren Ort zum Ausruhen aussuchen können.
De kunne næppe have valgt et værre sted at hvile sig.
Die Hunde suchten verzweifelt nach einem Platz zum Hinlegen.
Hundene ledte desperat efter et sted at ligge.
Hinter der kleinen Gruppe erhob sich steil eine hohe Felswand.
En høj klippevæg rejste sig stejlt bag den lille gruppe.
Das Zelt wurde in Dyea zurückgelassen, um die Last zu erleichtern.
Teltet var blevet efterladt i Dyea for at lette byrden.
Ihnen blieb nichts anderes übrig, als das Feuer auf dem Eis selbst zu machen.
De havde intet andet valg end at lave bålet på selve isen.
Sie breiten ihre Schlafmäntel direkt auf dem zugefrorenen See aus.
De bredte deres soveklæder direkte ud på den frosne sø.
Ein paar Stücke Treibholz gaben ihnen ein wenig Feuer.
Et par drivtømmer gav dem lidt ild.
Doch das Feuer wurde auf dem Eis entfacht und taute hindurch.
Men ilden blev anlagt på isen og tøede op gennem den.
Schließlich aßen sie ihr Abendessen im Dunkeln.
Til sidst spiste de deres aftensmad i mørket.
Buck rollte sich neben dem Felsen zusammen, geschützt vor dem kalten Wind.
Buck krøllede sig sammen ved siden af klippen, i læ for den kolde vind.
Der Platz war so warm und sicher, dass Buck es hasste, wegzugehen.
Stedet var så varmt og trygt, at Buck hadede at flytte væk.
Aber François hatte den Fisch aufgewärmt und verteilte die Rationen.
Men François havde varmet fisken og var ved at uddele rationer.
Buck aß schnell fertig und ging zurück in sein Bett.

Buck spiste hurtigt færdig og gik tilbage til sin seng.
Aber Spitz lag jetzt dort, wo Buck sein Bett gemacht hatte.
Men Spitz lå nu, hvor Buck havde redt sin seng.
Ein leises Knurren warnte Buck, dass Spitz sich weigerte, sich zu bewegen.
En lav knurren advarede Buck om, at Spitz nægtede at røre sig.
Bisher hatte Buck diesen Kampf mit Spitz vermieden.
Indtil nu havde Buck undgået denne kamp med Spitz.
Doch tief in Bucks Innerem brach das Biest schließlich aus.
Men dybt inde i Buck brød udyret endelig løs.
Der Diebstahl seines Schlafplatzes war zu viel für ihn.
Tyveriet af hans soveplads var for meget at tolerere.
Buck stürzte sich voller Wut und Zorn auf Spitz.
Buck kastede sig mod Spitz, fuld af vrede og raseri.
Bis jetzt hatte Spitz gedacht, Buck sei bloß ein großer Hund.
Indtil da havde Spitz troet, at Buck bare var en stor hund.
Er glaubte nicht, dass Buck durch seinen Geist überlebt hatte.
Han troede ikke, at Buck havde overlevet gennem sin ånd.
Er erwartete Angst und Feigheit, nicht Wut und Rache.
Han forventede frygt og fejhed, ikke raseri og hævn.
François starrte die beiden Hunde an, als sie aus dem zerstörten Nest stürmten.
François stirrede, mens begge hunde brasede ud af den ødelagte rede.
Er verstand sofort, was den wilden Kampf ausgelöst hatte.
Han forstod straks, hvad der havde startet den vilde kamp.
„Aa-ah!", rief François, um dem braunen Hund zuzujubeln.
"Aa-ah!" råbte François til støtte for den brune hund.
„Verprügelt ihn! Bei Gott, bestraft diesen hinterhältigen Dieb!"
"Giv ham et tæsk! Ved Gud, straf den luskede tyv!"
Spitz zeigte gleichermaßen Bereitschaft und wilden Kampfeswillen.
Spitz viste lige så stor parathed og vild iver efter at kæmpe.

Er schrie wütend auf, während er schnell im Kreis kreiste und nach einer Öffnung suchte.
Han skreg ud i raseri, mens han drejede hurtigt rundt og ledte efter en åbning.
Buck zeigte den gleichen Kampfeshunger und die gleiche Vorsicht.
Buck viste den samme kamplyst og den samme forsigtighed.
Auch er umkreiste seinen Gegner und versuchte, im Kampf die Oberhand zu gewinnen.
Han omringede også sin modstander i et forsøg på at få overtaget i kampen.
Dann geschah etwas Unerwartetes und veränderte alles.
Så skete der noget uventet og ændrede alt.
Dieser Moment verzögerte den letztendlichen Kampf um die Führung.
Det øjeblik forsinkede den endelige kamp om lederskabet.
Bis zum Ende warteten noch viele Meilen voller Mühe und Anstrengung.
Mange kilometer sti og kamp ventede stadig før enden.
Perrault stieß einen Fluch aus, als eine Keule auf Knochen schlug.
Perrault råbte en ed, mens en kølle slog mod et knogle.
Es folgte ein scharfer Schmerzensschrei, dann brach überall Chaos aus.
Et skarpt smerteskrig fulgte, derefter eksploderede kaos overalt.
Dunkle Gestalten bewegten sich im Lager; wilde Huskys, ausgehungert und wild.
Mørke skikkelser bevægede sig i lejren; vilde huskyer, sultne og voldsomme.
Vier oder fünf Dutzend Huskys hatten das Lager von weitem erschnüffelt.
Fire eller fem dusin huskyer havde snuset til lejren langvejs fra.
Sie hatten sich leise hineingeschlichen, während die beiden Hunde in der Nähe kämpften.

De havde sneget sig stille ind, mens de to hunde kæmpede i nærheden.

François und Perrault griffen an und schwangen Knüppel auf die Eindringlinge.

François og Perrault angreb angriberne og svingede køller.

Die ausgehungerten Huskies zeigten ihre Zähne und wehrten sich rasend.

De sultende huskyer viste tænder og kæmpede tilbage i vanvid.

Der Geruch von Fleisch und Brot hatte sie alle Angst vertreiben lassen.

Duften af kød og brød havde drevet dem over al frygt.

Perrault schlug einen Hund, der seinen Kopf in der Fresskiste vergraben hatte.

Perrault slog en hund, der havde begravet sit hoved i madkassen.

Der Schlag war hart, die Schachtel kippte um und das Essen quoll heraus.

Slaget ramte hårdt, og kassen vendte om, og maden væltede ud.

Innerhalb von Sekunden rissen sich zwanzig wilde Tiere über das Brot und das Fleisch her.

På få sekunder rev en snese vilde dyr sig ind i brødet og kødet.

Die Keulen der Männer landeten Schlag auf Schlag, doch kein Hund ließ nach.

Herreklubberne landede slag efter slag, men ingen hund vendte sig væk.

Sie schrien vor Schmerz, kämpften aber, bis kein Futter mehr übrig war.

De hylede af smerte, men kæmpede, indtil der ikke var mad tilbage.

Inzwischen waren die Schlittenhunde aus ihren verschneiten Betten gesprungen.

I mellemtiden var slædehundene sprunget fra deres snedækkede senge.

Sie wurden sofort von den bösartigen, hungrigen Huskys angegriffen.
De blev øjeblikkeligt angrebet af de ondskabsfulde sultne huskyer.
Buck hatte noch nie zuvor so wilde und ausgehungerte Tiere gesehen.
Buck havde aldrig set så vilde og sultne skabninger før.
Ihre Haut hing lose und verbarg kaum ihr Skelett.
Deres hud hang løs og skjulte knap nok deres skeletter.
In ihren Augen brannte ein Feuer aus Hunger und Wahnsinn
Der var en ild i deres øjne, af sult og vanvid
Sie waren nicht aufzuhalten, ihrem wilden Ansturm war kein Widerstand zu leisten.
Der var ingen måde at stoppe dem på; ingen kunne modstå deres vilde fart.
Die Schlittenhunde wurden zurückgedrängt und gegen die Felswand gedrückt.
Slædehundene blev skubbet tilbage, presset mod klippevæggen.
Drei Huskies griffen Buck gleichzeitig an und rissen ihm das Fleisch auf.
Tre huskyer angreb Buck på én gang og rev ham i kødet.
Aus den Schnittwunden an seinem Kopf und seinen Schultern strömte Blut.
Blod fossede fra hans hoved og skuldre, hvor han var blevet såret.
Der Lärm erfüllte das Lager: Knurren, Jaulen und Schmerzensschreie.
Støjen fyldte lejren; knurren, gylpen og smerteskrig.
Billee weinte wie immer laut, gefangen im Kampf und in der Panik.
Billee græd højt, som sædvanlig, fanget i kampen og panikken.
Dave und Solleks standen Seite an Seite, blutend, aber trotzig.
Dave og Solleks stod side om side, blødende men trodsige.

Joe kämpfte wie ein Dämon und biss alles, was ihm zu nahe kam.
Joe kæmpede som en dæmon og bed i alt, der kom i nærheden.
Mit einem brutalen Schnappen seines Kiefers zerquetschte er das Bein eines Huskys.
Han knuste en huskys ben med et brutalt smæld med kæberne.
Pike sprang auf den verletzten Husky und brach ihm sofort das Genick.
Gedde sprang op på den sårede husky og brækkede dens nakke med det samme.
Buck packte einen Husky an der Kehle und riss ihm die Ader auf.
Buck greb fat i halsen på en husky og skar en blodåre gennem den.
Blut spritzte und der warme Geschmack trieb Buck in Raserei.
Blod sprøjtede, og den varme smag drev Buck ud i et vanvid.
Ohne zu zögern stürzte er sich auf einen anderen Angreifer.
Han kastede sig uden tøven mod en anden angriber.
Im selben Moment gruben sich scharfe Zähne in Bucks Kehle.
I samme øjeblik gravede skarpe tænder sig ind i Bucks egen hals.
Spitz hatte von der Seite zugeschlagen und ohne Vorwarnung angegriffen.
Spitz havde slået til fra siden og angrebet uden varsel.
Perrault und François hatten die Hunde besiegt, die das Futter stahlen.
Perrault og François havde besejret hundene, der stjal maden.
Nun eilten sie ihren Hunden zu Hilfe, um die Angreifer abzuwehren.
Nu skyndte de sig at hjælpe deres hunde med at bekæmpe angriberne.
Die ausgehungerten Hunde zogen sich zurück, als die Männer ihre Keulen schwangen.

De sultende hunde trak sig tilbage, mens mændene svingede deres køller.

Buck konnte sich dem Angriff befreien, doch die Flucht war nur von kurzer Dauer.

Buck slap fri fra angrebet, men flugten var kort.

Die Männer rannten los, um ihre Hunde zu retten, und die Huskies kamen erneut zum Vorschein.

Mændene løb for at redde deres hunde, og huskyerne sværmede igen.

Billee, der aus Angst Mut fasste, sprang in die Hundemeute.

Billee, skræmt til mod, sprang ind i hundeflokken.

Doch dann floh er in blanker Angst und Panik über das Eis.

Men så flygtede han over isen i rå skræk og panik.

Pike und Dub folgten dicht dahinter und rannten um ihr Leben.

Pike og Dub fulgte tæt efter og løb for livet.

Der Rest des Teams löste sich auf, zerstreute sich und folgte ihnen.

Resten af holdet brød sammen og spredtes og fulgte efter dem.

Buck nahm all seine Kräfte zusammen, um loszurennen, doch dann sah er einen Blitz.

Buck samlede kræfter til at løbe, men så et glimt.

Spitz stürzte sich auf Buck und versuchte, ihn zu Boden zu schlagen.

Spitz sprang frem mod Bucks side og forsøgte at slå ham ned på jorden.

Unter dieser Meute von Huskys hätte Buck nicht entkommen können.

Under den flok huskyer ville Buck ikke have haft nogen flugt.

Aber Buck blieb standhaft und wappnete sich für den Schlag von Spitz.

Men Buck stod fast og forberedte sig på slaget fra Spitz.

Dann drehte er sich um und rannte mit dem fliehenden Team auf das Eis hinaus.

Så vendte han sig om og løb ud på isen med det flygtende hold.

Später versammelten sich die neun Schlittenhunde im Schutz des Waldes.
Senere samledes de ni slædehunde i ly af skoven.
Niemand verfolgte sie mehr, aber sie waren geschlagen und verwundet.
Ingen jagtede dem længere, men de blev overfaldet og såret.
Jeder Hund hatte Wunden; vier oder fünf tiefe Schnitte an jedem Körper.
Hver hund havde sår; fire eller fem dybe snitsår på hver krop.
Dub hatte ein verletztes Hinterbein und konnte kaum noch laufen.
Dub havde et skadet bagben og havde svært ved at gå nu.
Dolly, der neueste Hund aus Dyea, hatte eine aufgeschlitzte Kehle.
Dolly, den nyeste hund fra Dyea, havde en overskåret hals.
Joe hatte ein Auge verloren und Billees Ohr war in Stücke geschnitten
Joe havde mistet et øje, og Billees øre var skåret i stykker.
Alle Hunde schrien die ganze Nacht vor Schmerz und Niederlage.
Alle hundene græd af smerte og nederlag natten igennem.
Im Morgengrauen krochen sie wund und gebrochen zurück ins Lager.
Ved daggry sneg de sig tilbage til lejren, ømme og sønderknækkede.
Die Huskies waren verschwunden, aber der Schaden war angerichtet.
Huskierne var forsvundet, men skaden var sket.
Perrault und François standen schlecht gelaunt vor der Ruine.
Perrault og François stod i dårligt humør over ruinen.
Die Hälfte der Lebensmittel war verschwunden und von den hungrigen Dieben geschnappt worden.
Halvdelen af maden var væk, stjålet af de sultne tyve.
Die Huskies hatten Schlittenbindungen und Planen zerrissen.

Huskierne havde revet sig igennem slædebindinger og kanvas.
Alles, was nach Essen roch, wurde vollständig verschlungen.
Alt, der lugtede af mad, var blevet fuldstændig fortæret.
Sie aßen ein Paar von Perraults Reisestiefeln aus Elchleder.
De spiste et par af Perraults rejsestøvler af elgskind.
Sie zerkauten Lederreis und ruinierten Riemen, sodass sie nicht mehr verwendet werden konnten.
De tyggede på læderreiser og ødelagde remme, der ikke kunne bruges.
François hörte auf, auf die zerrissene Peitsche zu starren, um nach den Hunden zu sehen.
François holdt op med at stirre på den iturevne piskevippe for at tjekke hundene.
„Ah, meine Freunde", sagte er mit leiser, besorgter Stimme.
"Åh, mine venner," sagde han med lav stemme og fyldt med bekymring.
„Vielleicht verwandeln euch all diese Bisse in tollwütige Tiere."
"Måske vil alle disse bid forvandle jer til vanvittige bæster."
„Vielleicht alles tollwütige Hunde, heiliger Scheiß! Was meinst du, Perrault?"
"Måske alle gale hunde, hellige! Hvad synes du, Perrault?"
Perrault schüttelte den Kopf, seine Augen waren dunkel vor Sorge und Angst.
Perrault rystede på hovedet, øjnene mørke af bekymring og frygt.
Zwischen ihnen und Dawson lagen noch sechshundertvierzig Kilometer.
Fire hundrede mil lå stadig mellem dem og Dawson.
Der Hundewahnsinn könnte nun jede Überlebenschance zerstören.
Hundegalskab kan nu ødelægge enhver chance for overlevelse.
Sie verbrachten zwei Stunden damit, zu fluchen und zu versuchen, die Ausrüstung zu reparieren.
De brugte to timer på at bande og forsøge at reparere udstyret.

Das verwundete Team verließ schließlich gebrochen und besiegt das Lager.
Det sårede hold forlod endelig lejren, knækkede og besejrede.
Dies war der bisher schwierigste Weg und jeder Schritt war schmerzhaft.
Dette var den sværeste rute til dato, og hvert skridt var smertefuldt.
Der Thirty Mile River war nicht zugefroren und rauschte wild.
Thirty Mile-floden var ikke frosset til frosset og fosser vildt.
Nur an ruhigen Stellen und in wirbelnden Wirbeln konnte das Eis halten.
Kun i rolige steder og hvirvlende strømhvirvler formåede isen at holde sig.
Sechs Tage harter Arbeit vergingen, bis die dreißig Meilen geschafft waren.
Seks dages hårdt arbejde gik, indtil de 48 kilometer var tilbagelagt.
Jeder Kilometer des Weges barg Gefahren und Todesgefahr.
Hver kilometer af ruten bragte fare og trussel om død.
Die Männer und Hunde riskierten mit jedem schmerzhaften Schritt ihr Leben.
Mændene og hundene risikerede deres liv med hvert smertefulde skridt.
Perrault durchbrach ein Dutzend Mal dünne Eisbrücken.
Perrault brød igennem tynde isbroer et dusin forskellige gange.
Er trug eine Stange und ließ sie über das Loch fallen, das sein Körper hinterlassen hatte.
Han bar en stang og lod den falde hen over det hul, hans krop havde lavet.
Mehr als einmal rettete diese Stange Perrault vor dem Ertrinken.
Mere end én gang reddede den stang Perrault fra at drukne.
Die Kältewelle hielt an, die Lufttemperatur lag bei minus fünfzig Grad.
Kulden holdt fast, luften var halvtreds grader under nul.

Jedes Mal, wenn er hineinfiel, musste Perrault ein Feuer anzünden, um zu überleben.
Hver gang han faldt i, måtte Perrault tænde et bål for at overleve.
Nasse Kleidung gefror schnell, also trocknete er sie in der Nähe der sengenden Hitze.
Vådt tøj frøs hurtigt, så han tørrede det i nærheden af brændende hede.
Perrault hatte nie Angst und das machte ihn zu einem Kurier.
Perrault var aldrig bange, og det gjorde ham til kurér.
Er wurde für die Gefahr auserwählt und begegnete ihr mit stiller Entschlossenheit.
Han blev valgt til fare, og han mødte den med stille beslutsomhed.
Er drängte sich gegen den Wind vorwärts, sein runzliges Gesicht war erfroren.
Han pressede sig frem mod vinden, hans indskrumpede ansigt forfrosset.
Von der Morgendämmerung bis zum Einbruch der Nacht führte Perrault sie weiter.
Fra svag daggry til aftenens frembrud førte Perrault dem videre.
Er ging auf einer schmalen Eiskante, die bei jedem Schritt knackte.
Han gik på smal iskant, der revnede for hvert skridt.
Sie wagten nicht, anzuhalten – jede Pause hätte das Risiko eines tödlichen Zusammenbruchs bedeutet.
De turde ikke stoppe – hver pause risikerede et dødeligt sammenbrud.
Einmal brach der Schlitten durch und zog Dave und Buck hinein.
En gang brød slæden igennem og trak Dave og Buck ind.
Als sie freigezogen wurden, waren beide fast erfroren.
Da de blev trukket fri, var begge næsten forfrosne.
Die Männer machten schnell ein Feuer, um Buck und Dave am Leben zu halten.

Mændene byggede hurtigt et bål for at holde Buck og Dave i live.
Die Hunde waren von der Nase bis zum Schwanz mit Eis bedeckt und steif wie geschnitztes Holz.
Hundene var dækket af is fra snude til hale, stive som udskåret træ.
Die Männer ließen sie in der Nähe des Feuers im Kreis laufen, um ihre Körper aufzutauen.
Mændene løb med dem i cirkler nær bålet for at tø deres kroppe op.
Sie kamen den Flammen so nahe, dass ihr Fell versengt wurde.
De kom så tæt på flammerne, at deres pels blev svidet.
Als nächster durchbrach Spitz das Eis und zog das Team hinter sich her.
Spitz brød derefter gennem isen og slæbte holdet ind efter sig.
Der Bruch reichte bis zu der Stelle, an der Buck zog.
Bruddet nåede helt op til der, hvor Buck trak.
Buck lehnte sich weit zurück, seine Pfoten rutschten und zitterten auf der Kante.
Buck lænede sig hårdt tilbage, poterne gled og dirrede på kanten.
Dave streckte sich ebenfalls nach hinten, direkt hinter Buck auf der Leine.
Dave spændte også bagover, lige bag Buck på linjen.
François zog den Schlitten, seine Muskeln knackten vor Anstrengung.
François trak slæden på, hans muskler revnede af anstrengelse.
Ein anderes Mal brach das Randeis vor und hinter dem Schlitten.
En anden gang revnede randisen foran og bag slæden.
Sie hatten keinen anderen Ausweg, als eine gefrorene Felswand zu erklimmen.
De havde ingen udvej undtagen at klatre op ad en frossen klippevæg.

Perrault schaffte es irgendwie, die Mauer zu erklimmen; wie durch ein Wunder blieb er am Leben.
Perrault klatrede på en eller anden måde op ad muren; et mirakel holdt ham i live.
François blieb unten und betete um dasselbe Glück.
François blev nedenfor og bad om den samme slags held.
Sie banden jeden Riemen, jede Zurrschnur und jede Leine zu einem langen Seil zusammen.
De bandt hver rem, surring og skinne sammen til ét langt reb.
Die Männer zogen jeden Hund einzeln nach oben.
Mændene hev hver hund op, en ad gangen, til toppen.
François kletterte als Letzter, nach dem Schlitten und der gesamten Ladung.
François klatrede sidst, efter slæden og hele lasten.
Dann begann eine lange Suche nach einem Weg von den Klippen hinunter.
Så begyndte en lang søgen efter en sti ned fra klipperne.
Schließlich stiegen sie mit demselben Seil ab, das sie selbst hergestellt hatten.
De kom endelig ned ved hjælp af det samme reb, de havde lavet.
Es wurde Nacht, als sie erschöpft und wund zum Flussbett zurückkehrten.
Natten faldt på, da de vendte tilbage til flodlejet, udmattede og ømme.
Der ganze Tag hatte ihnen nur eine Viertelmeile Gewinn eingebracht.
De havde brugt en hel dag på kun at tilbagelægge en kvart mil.
Als sie das Hootalinqua erreichten, war Buck erschöpft.
Da de nåede Hootalinqua, var Buck udmattet.
Die anderen Hunde litten ebenso sehr unter den Bedingungen auf dem Trail.
De andre hunde led lige så hårdt under forholdene på stien.
Aber Perrault musste Zeit gutmachen und trieb sie jeden Tag weiter an.

Men Perrault havde brug for at indhente tid og pressede dem på hver dag.

Am ersten Tag reisten sie dreißig Meilen nach Big Salmon.
Den første dag rejste de 48 kilometer til Big Salmon.

Am nächsten Tag reisten sie fünfunddreißig Meilen nach Little Salmon.
Den næste dag rejste de 65 kilometer til Little Salmon.

Am dritten Tag kämpften sie sich durch sechzig Kilometer lange, eisige Strecken.
På den tredje dag tilbagelagde de fyrre lange, frosne mil.

Zu diesem Zeitpunkt näherten sie sich der Siedlung Five Fingers.
På det tidspunkt nærmede de sig bosættelsen Five Fingers.

Bucks Füße waren weicher als die harten Füße der einheimischen Huskys.
Bucks fødder var blødere end de hårde fødder hos indfødte huskies.

Seine Pfoten waren im Laufe vieler zivilisierter Generationen zart geworden.
Hans poter var blevet møre gennem mange civiliserede generationer.

Vor langer Zeit wurden seine Vorfahren von Flussmännern oder Jägern gezähmt.
For længe siden var hans forfædre blevet tæmmet af flodmænd eller jægere.

Jeden Tag humpelte Buck unter Schmerzen und ging auf wunden, schmerzenden Pfoten.
Hver dag haltede Buck af smerte og gik på rå, ømme poter.

Im Lager fiel Buck wie eine leblose Gestalt in den Schnee.
I lejren faldt Buck ned som en livløs skikkelse på sneen.

Obwohl Buck am Verhungern war, stand er nicht auf, um sein Abendessen einzunehmen.
Selvom Buck var sulten, stod han ikke op for at spise sit aftensmåltid.

François brachte Buck seine Ration und legte ihm Fisch neben die Schnauze.

François bragte Buck sin ration og lagde fisk ved sin snude.
Jeden Abend massierte der Fahrer Bucks Füße eine halbe Stunde lang.
Hver aften gned chaufføren Bucks fødder i en halv time.
François hat sogar seine eigenen Mokassins zerschnitten, um daraus Hundeschuhe zu machen.
François skar endda sine egne mokkasiner op for at lave hundefodtøj.
Vier warme Schuhe waren für Buck eine große und willkommene Erleichterung.
Fire varme sko gav Buck en stor og velkommen lettelse.
Eines Morgens vergaß François die Schuhe und Buck weigerte sich aufzustehen.
En morgen glemte François skoene, og Buck nægtede at rejse sig.
Buck lag auf dem Rücken, die Füße in der Luft, und wedelte mitleiderregend damit herum.
Buck lå på ryggen med fødderne i vejret og viftede ynkeligt med dem.
Sogar Perrault grinste beim Anblick von Bucks dramatischer Bitte.
Selv Perrault smilede ved synet af Bucks dramatiske bøn.
Bald wurden Bucks Füße hart und die Schuhe konnten weggeworfen werden.
Snart blev Bucks fødder hårde, og skoene kunne smides væk.
In Pelly stieß Dolly beim Angeschirrtwerden ein schreckliches Heulen aus.
Ved Pelly, mens der var tid til at bruge seletøj, udstødte Dolly et frygteligt hyl.
Der Schrei war lang und voller Wahnsinn und erschütterte jeden Hund.
Skriget var langt og fyldt med vanvid og rystede hver eneste hund.
Jeder Hund zuckte vor Angst zusammen, ohne den Grund zu kennen.
Hver hund strittede i skræk uden at kende årsagen.

Dolly war verrückt geworden und stürzte sich direkt auf Buck.
Dolly var blevet sindssyg og kastede sig direkte mod Buck.
Buck hatte noch nie Wahnsinn gesehen, aber sein Herz war von Entsetzen erfüllt.
Buck havde aldrig set vanvid, men rædsel fyldte hans hjerte.
Ohne nachzudenken, drehte er sich um und floh in absoluter Panik.
Uden at tænke sig om vendte han sig om og flygtede i fuldstændig panik.
Dolly jagte ihm hinterher, ihre Augen waren wild, Speichel spritzte aus ihrem Maul.
Dolly jagtede ham, hendes øjne var vilde, og spyttet fløj fra hendes kæber.
Sie blieb direkt hinter Buck, holte nie auf und fiel nie zurück.
Hun holdt sig lige bag Buck, uden at vinde og uden at falde tilbage.
Buck rannte durch den Wald, die Insel hinunter und über zerklüftetes Eis.
Buck løb gennem skoven, ned ad øen, hen over ujævn is.
Er überquerte die Insel und erreichte eine weitere, bevor er im Kreis zurück zum Fluss ging.
Han krydsede til en ø, derefter en anden, og gik i ring tilbage til floden.
Dolly jagte ihn immer noch und knurrte ihn bei jedem Schritt an.
Dolly jagtede ham stadig, hendes knurren tæt efter hende ved hvert skridt.
Buck konnte ihren Atem und ihre Wut hören, obwohl er es nicht wagte, zurückzublicken.
Buck kunne høre hendes åndedrag og raseri, selvom han ikke turde se sig tilbage.
François rief aus der Ferne und Buck drehte sich in die Richtung der Stimme um.
råbte François langvejs fra, og Buck vendte sig mod stemmen.

Immer noch nach Luft schnappend rannte Buck vorbei und setzte seine ganze Hoffnung auf François.
Stadig gispede efter vejret løb Buck forbi og satte al sin lid til François.
Der Hundeführer hob eine Axt und wartete, während Buck vorbeiflog.
Hundeføreren løftede en økse og ventede, mens Buck fløj forbi.
Die Axt kam schnell herunter und traf Dollys Kopf mit tödlicher Wucht.
Øksen faldt hurtigt ned og ramte Dollys hoved med dødelig kraft.
Buck brach neben dem Schlitten zusammen, keuchte und konnte sich nicht bewegen.
Buck kollapsede nær slæden, hvæsende og ude af stand til at bevæge sig.
In diesem Moment hatte Spitz die Chance, einen erschöpften Gegner zu schlagen.
Det øjeblik gav Spitz chancen for at angribe en udmattet fjende.
Zweimal biss er Buck und riss das Fleisch bis auf den weißen Knochen auf.
To gange bed han Buck og flåede kødet ned til den hvide knogle.
François' Peitsche knallte und traf Spitz mit voller, wütender Wucht.
François' pisk knækkede og ramte Spitz med fuld, voldsom kraft.
Buck sah mit Freude zu, wie Spitz seine bisher härteste Tracht Prügel bekam.
Buck så med glæde til, mens Spitz fik sin hidtil hårdeste prygl.
„Er ist ein Teufel, dieser Spitz", murmelte Perrault düster vor sich hin.
"Han er en djævel, den Spitz," mumlede Perrault dystert for sig selv.
„Eines Tages wird dieser verfluchte Hund Buck töten – das schwöre ich."

"En dag snart vil den forbandede hund dræbe Buck – jeg sværger det."

„Dieser Buck hat zwei Teufel in sich", antwortete François mit einem Nicken.

„Den Buck har to djævle i sig," svarede François med et nik.

„Wenn ich Buck beobachte, weiß ich, dass etwas Wildes in ihm lauert."

"Når jeg ser Buck, ved jeg, at noget voldsomt venter i ham."

„Eines Tages wird er rasend vor Wut werden und Spitz in Stücke reißen."

"En dag bliver han rasende som ild og river Spitz i stykker."

„Er wird den Hund zerkauen und ihn auf den gefrorenen Schnee spucken."

"Han vil tygge den hund i stykker og spytte ham ud i den frosne sne."

„Das weiß ich ganz sicher tief in meinem Innern."

"Ja, det ved jeg jo inderst inde."

Von diesem Moment an befanden sich die beiden Hunde im Krieg.

Fra det øjeblik var de to hunde låst i en krig.

Spitz führte das Team an und hatte die Macht, aber Buck stellte das in Frage.

Spitz førte holdet og havde magten, men Buck udfordrede det.

Spitz sah seinen Rang durch diesen seltsamen Fremden aus dem Süden bedroht.

Spitz så sin rang truet af denne mærkelige fremmede fra Sydlandet.

Buck war anders als alle Südstaatenhunde, die Spitz zuvor gekannt hatte.

Buck var ulig nogen anden sydstatshund, som Spitz havde kendt før.

Die meisten von ihnen scheiterten – sie waren zu schwach, um Kälte und Hunger zu überleben.

De fleste af dem fejlede – for svage til at overleve kulde og sult.

Sie starben schnell unter der harten Arbeit, dem Frost und der langsamen Hungersnot.

De døde hurtigt under arbejde, frost og hungersnødens langsomme sved.
Buck stand abseits – mit jedem Tag stärker, klüger und wilder.
Buck skilte sig ud – stærkere, klogere og mere vild for hver dag.
Er gedieh trotz aller Härte und wuchs heran, bis er den nördlichen Huskies ebenbürtig war.
Han trivedes med modgang og voksede op til at matche de nordlige huskies.
Buck hatte Kraft, wilde Geschicklichkeit und einen geduldigen, tödlichen Instinkt.
Buck havde styrke, vild kunnen og et tålmodigt, dødbringende instinkt.
Der Mann mit der Keule hatte Buck die Unbesonnenheit ausgetrieben.
Manden med køllen havde banket ubesindigheden ud af Buck.
Die blinde Wut war verschwunden und durch stille Gerissenheit und Kontrolle ersetzt worden.
Blind raseri var væk, erstattet af stille list og kontrol.
Er wartete ruhig und ursprünglich und wartete auf den richtigen Moment.
Han ventede, rolig og primal, og spejdede efter det rette øjeblik.
Ihr Kampf um die Vorherrschaft wurde unvermeidlich und deutlich.
Deres kamp om kommandoen blev uundgåelig og klar.
Buck strebte nach einer Führungsposition, weil sein Geist es verlangte.
Buck ønskede lederskab, fordi hans ånd krævede det.
Er wurde von dem seltsamen Stolz getrieben, der aus der Jagd und dem Geschirr entstand.
Han var drevet af den mærkelige stolthed født af sti og seletøj.
Dieser Stolz ließ die Hunde ziehen, bis sie im Schnee zusammenbrachen.
Den stolthed fik hunde til at trække, indtil de kollapsede i sneen.

Der Stolz verleitete sie dazu, all ihre Kraft einzusetzen.
Stolthed lokkede dem til at give al den styrke, de havde.
Stolz kann einen Schlittenhund sogar in den Tod treiben.
Stolthed kan lokke en slædehund helt til døden.
Der Verlust des Geschirrs ließ die Hunde gebrochen und ziellos zurück.
At miste selen efterlod hundene ødelagte og uden formål.
Das Herz eines Schlittenhundes kann vor Scham brechen, wenn er in den Ruhestand geht.
En slædehunds hjerte kan knuses af skam, når den går på pension.
Dave lebte von diesem Stolz, während er den Schlitten hinter sich herzog.
Dave levede af den stolthed, mens han slæbte slæden bagfra.
Auch Solleks gab mit grimmiger Stärke und Loyalität alles.
Solleks gav også alt, hvad han havde, med barsk styrke og loyalitet.
Jeden Morgen verwandelte der Stolz ihre Verbitterung in Entschlossenheit.
Hver morgen forvandlede stoltheden dem fra bitre til beslutsomme.
Sie drängten den ganzen Tag und verstummten dann am Ende des Lagers.
De kæmpede hele dagen, og så blev de tavse for enden af lejren.
Dieser Stolz gab Spitz die Kraft, Drückeberger zur Räson zu bringen.
Den stolthed gav Spitz styrken til at komme i forkøbet af sherkers.
Spitz fürchtete Buck, weil Buck denselben tiefen Stolz in sich trug.
Spitz frygtede Buck, fordi Buck bar den samme dybe stolthed.
Bucks Stolz wandte sich nun gegen Spitz, und er ließ nicht locker.
Bucks stolthed vakte nu mod Spitz, og han stoppede ikke.
Buck widersetzte sich Spitz' Macht und hinderte ihn daran, Hunde zu bestrafen.

Buck trodsede Spitz' magt og forhindrede ham i at straffe hunde.

Als andere versagten, stellte sich Buck zwischen sie und ihren Anführer.

Da andre fejlede, trådte Buck mellem dem og deres leder.

Er tat dies mit Absicht und brachte seine Herausforderung offen und deutlich zum Ausdruck.

Han gjorde dette med vilje og gjorde sin udfordring åben og klar.

In einer Nacht hüllte schwerer Schnee die Welt in tiefe Stille.

En nat indhyllede tung sne verden i dyb stilhed.

Am nächsten Morgen stand Pike, faul wie immer, nicht zur Arbeit auf.

Næste morgen stod Pike, doven som altid, ikke op for at gå på arbejde.

Er blieb in seinem Nest unter einer dicken Schneeschicht verborgen.

Han holdt sig skjult i sin rede under et tykt lag sne.

François rief und suchte, konnte den Hund jedoch nicht finden.

François råbte og ledte, men kunne ikke finde hunden.

Spitz wurde wütend und stürmte durch das schneebedeckte Lager.

Spitz blev rasende og stormede gennem den snedækkede lejr.

Er knurrte und schnüffelte und grub wie verrückt mit flammenden Augen.

Han knurrede og snøftede, mens han gravede vanvittigt med flammende øjne.

Seine Wut war so heftig, dass Pike vor Angst unter dem Schnee zitterte.

Hans raseri var så voldsomt, at Pike rystede under sneen af frygt.

Als Pike schließlich gefunden wurde, stürzte sich Spitz auf den versteckten Hund, um ihn zu bestrafen.

Da Pike endelig blev fundet, sprang Spitz frem for at straffe den gemte hund.

Doch Buck sprang mit einer Wut zwischen sie, die Spitz' eigener ebenbürtig war.
Men Buck sprang imellem dem med en raseri lig med Spitz' egen.
Der Angriff erfolgte so plötzlich und geschickt, dass Spitz umfiel.
Angrebet var så pludseligt og snedigt, at Spitz faldt omkuld.
Pike, der gezittert hatte, schöpfte aus diesem Trotz neuen Mut.
Pike, der havde rystet, fandt mod i denne trodsighed.
Er sprang auf den gefallenen Spitz und folgte Bucks mutigem Beispiel.
Han sprang op på den faldne Spitz og fulgte Bucks dristige eksempel.
Buck, der nicht länger an Fairness gebunden war, beteiligte sich am Angriff auf Spitz.
Buck, ikke længere bundet af retfærdighed, sluttede sig til strejken på Spitz.
François, amüsiert, aber dennoch diszipliniert, schwang seine schwere Peitsche.
François, underholdt men fast i disciplinen, svingede sin tunge piskeslag.
Er schlug Buck mit aller Kraft, um den Kampf zu beenden.
Han slog Buck med al sin kraft for at afbryde kampen.
Buck weigerte sich, sich zu bewegen und blieb auf dem gefallenen Anführer sitzen.
Buck nægtede at bevæge sig og blev oven på den faldne leder.
Dann benutzte François den Griff der Peitsche und schlug Buck damit heftig.
François brugte derefter piskens håndtag og ramte Buck hårdt.
Buck taumelte unter dem Schlag und fiel zurück.
Buck, der vaklede af slaget, faldt bagover under angrebet.
François schlug immer wieder zu, während Spitz Pike bestrafte.
François slog til igen og igen, mens Spitz straffede Pike.

Die Tage vergingen und Dawson City kam immer näher.

Dagene gik, og Dawson City kom nærmere og nærmere.

Buck mischte sich immer wieder ein und schlüpfte zwischen Spitz und andere Hunde.

Buck blev ved med at blande sig og gled ind mellem Spitz og de andre hunde.

Er wählte seine Momente gut und wartete immer darauf, dass François ging.

Han valgte sine øjeblikke med omhu og ventede altid på, at François skulle gå.

Bucks stille Rebellion breitete sich aus und im Team breitete sich Unordnung aus.

Bucks stille oprør spredte sig, og uorden slog rod i holdet.

Dave und Solleks blieben loyal, andere jedoch wurden widerspenstig.

Dave og Solleks forblev loyale, men andre blev uregerlige.

Die Situation im Team wurde immer schlimmer – es wurde unruhig, streitsüchtig und geriet aus der Reihe.

Holdet blev værre – rastløst, stridbart og ude af trit.

Nichts lief mehr reibungslos und es kam immer wieder zu Streit.

Intet fungerede længere problemfrit, og slagsmål blev almindelige.

Buck blieb im Zentrum des Chaos und provozierte ständig Unruhe.

Buck forblev i hjertet af urolighederne og fremprovokerede altid uro.

François blieb wachsam, aus Angst vor dem Kampf zwischen Buck und Spitz.

François forblev årvågen, bange for kampen mellem Buck og Spitz.

Jede Nacht wurde er durch Rangeleien geweckt, aus Angst, dass es endlich losgehen würde.

Hver nat vækkede han ham af skænderier, af frygt for at begyndelsen endelig var kommet.

Er sprang aus seiner Robe, bereit, den Kampf zu beenden.

Han sprang af sin kåbe, klar til at afbryde kampen.

Aber der Moment kam nie und sie erreichten schließlich Dawson.
Men øjeblikket kom aldrig, og de nåede endelig frem til Dawson.
Das Team betrat die Stadt an einem trüben Nachmittag, angespannt und still.
Holdet kom ind i byen en trist eftermiddag, anspændte og stille.
Der große Kampf um die Führung hing noch immer in der eisigen Luft.
Den store kamp om lederskab hang stadig i den frosne luft.
Dawson war voller Männer und Schlittenhunde, die alle mit der Arbeit beschäftigt waren.
Dawson var fuld af mænd og slædehunde, alle travlt optaget af arbejde.
Buck beobachtete die Hunde von morgens bis abends beim Lastenziehen.
Buck så hundene trække læs fra morgen til aften.
Sie transportierten Baumstämme und Brennholz und lieferten Vorräte an die Minen.
De slæbte træstammer og brænde og fragtede forsyninger til minerne.
Wo früher im Süden Pferde arbeiteten, schufteten heute Hunde.
Hvor heste engang arbejdede i Sydlandet, arbejdede hunde nu.
Buck sah einige Hunde aus dem Süden, aber die meisten waren wolfsähnliche Huskys.
Buck så nogle hunde fra syd, men de fleste var ulvelignende huskyer.
Nachts erhoben die Hunde pünktlich zum ersten Mal ihre Stimmen zum Singen.
Om natten, som et urværk, hævede hundene deres stemmer i sang.
Um neun, um Mitternacht und erneut um drei begann der Gesang.
Klokken ni, ved midnat og igen klokken tre begyndte sangen.

Buck liebte es, in ihren unheimlichen Gesang einzustimmen, der wild und uralt klang.
Buck elskede at være med i deres uhyggelige sang, vild og ældgammel i lyd.

Das Polarlicht flammte, die Sterne tanzten und das Land war mit Schnee bedeckt.
Nordlyset flammede, stjernerne dansede, og sne dækkede landet.

Der Gesang der Hunde erhob sich als Aufschrei gegen die Stille und die bittere Kälte.
Hundenes sang rejste sig som et råb mod stilheden og den bidende kulde.

Doch in jedem langen Ton ihres Heulens war Trauer und nicht Trotz zu hören.
Men deres hylen indeholdt sorg, ikke trodsighed, i hver lange tone.

Jeder Klageschrei war voller Flehen; die Last des Lebens selbst.
Hvert klageskrig var fuld af bønfaldelser; selve livets byrde.

Dieses Lied war alt – älter als Städte und älter als Feuer
Den sang var gammel – ældre end byer og ældre end brande

Dieses Lied war sogar älter als die Stimmen der Menschen.
Den sang var endda ældre end menneskers stemmer.

Es war ein Lied aus der jungen Welt, als alle Lieder traurig waren.
Det var en sang fra den unge verden, dengang alle sange var triste.

Das Lied trug den Kummer unzähliger Hundegenerationen in sich.
Sangen bar sorg fra utallige generationer af hunde.

Buck spürte die Melodie tief und stöhnte vor jahrhundertealtem Schmerz.
Buck følte melodien dybt, stønnende af smerte rodfæstet i tidernes morgen.

Er schluchzte aus einem Kummer, der so alt war wie das wilde Blut in seinen Adern.

Han hulkede af en sorg lige så gammel som det vilde blod i hans årer.

Die Kälte, die Dunkelheit und das Geheimnisvolle berührten Bucks Seele.

Kulden, mørket og mystikken rørte Bucks sjæl.

Dieses Lied bewies, wie weit Buck zu seinen Ursprüngen zurückgekehrt war.

Den sang beviste, hvor langt Buck var vendt tilbage til sine oprindelser.

Durch Schnee und Heulen hatte er den Anfang seines eigenen Lebens gefunden.

Gennem sne og hylende lyde havde han fundet starten på sit eget liv.

Sieben Tage nach ihrer Ankunft in Dawson brachen sie erneut auf.

Syv dage efter ankomsten til Dawson rejste de afsted igen.

Das Team verließ die Kaserne und fuhr hinunter zum Yukon Trail.

Holdet faldt fra kasernen ned til Yukon Trail.

Sie begannen die Rückreise nach Dyea und Salt Water.

De begyndte rejsen tilbage mod Dyea og Salt Water.

Perrault überbrachte noch dringlichere Depeschen als zuvor.

Perrault bragte endnu mere presserende depecher end før.

Auch ihn packte der Trail-Stolz, und er wollte einen Rekord aufstellen.

Han blev også grebet af stolthed over stien og stræbte efter at sætte rekord.

Diesmal hatte Perrault mehrere Vorteile.

Denne gang var der flere fordele på Perraults side.

Die Hunde hatten eine ganze Woche lang geruht und ihre Kräfte wiedererlangt.

Hundene havde hvilet sig i en hel uge og genvundet deres kræfter.

Die Spur, die sie gebahnt hatten, wurde nun von anderen festgestampft.

Det spor, de havde brød, var nu hårdt pakket af andre.

An manchen Stellen hatte die Polizei Futter für Hunde und Menschen gelagert.
Nogle steder havde politiet opbevaret mad til både hunde og mænd.
Perrault reiste mit leichtem Gepäck und bewegte sich schnell, ohne dass ihn etwas belastete.
Perrault rejste let, bevægede sig hurtigt og havde kun lidt til at tynge ham ned.
Sie erreichten Sixty-Mile, eine Strecke von achtzig Kilometern, noch in der ersten Nacht.
De nåede Sixty-Mile, en løbetur på 80 kilometer, allerede den første nat.
Am zweiten Tag eilten sie den Yukon hinauf nach Pelly.
På den anden dag stormede de op ad Yukon-floden mod Pelly.
Doch dieser tolle Fortschritt war für François mit vielen Strapazen verbunden.
Men sådanne fine fremskridt medførte stor belastning for François.
Bucks stille Rebellion hatte die Disziplin des Teams zerstört.
Bucks stille oprør havde knust holdets disciplin.
Sie zogen nicht mehr wie ein Tier an den Zügeln.
De trak ikke længere sammen som ét dyr i tøjlerne.
Buck hatte durch sein mutiges Beispiel andere zum Trotz verleitet.
Buck havde ført andre til trods gennem sit modige eksempel.
Spitz' Befehl stieß weder auf Furcht noch auf Respekt.
Spitz' befaling blev ikke længere mødt med frygt eller respekt.
Die anderen verloren ihre Ehrfurcht vor ihm und wagten es, sich seiner Herrschaft zu widersetzen.
De andre mistede deres ærefrygt for ham og turde modsætte sig hans styre.
Eines Nachts stahl Pike einen halben Fisch und aß ihn vor Bucks Augen.
En nat stjal Pike en halv fisk og spiste den lige foran Bucks øjne.

In einer anderen Nacht kämpften Dub und Joe gegen Spitz und blieben ungestraft.
En anden nat kæmpede Dub og Joe mod Spitz og slap ustraffet.
Sogar Billee jammerte weniger süß und zeigte eine neue Schärfe.
Selv Billee klynkede mindre sødt og viste ny skarphed.
Buck knurrte Spitz jedes Mal an, wenn sich ihre Wege kreuzten.
Buck knurrede ad Spitz, hver gang de krydsede veje.
Bucks Haltung wurde dreist und bedrohlich, fast wie die eines Tyrannen.
Bucks attitude blev dristig og truende, næsten som en bølle.
Mit stolzgeschwellter Brust und voller spöttischer Bedrohung schritt er vor Spitz auf und ab.
Han gik frem og tilbage foran Spitz med en Pral, fuld af hånlig trussel.
Dieser Zusammenbruch der Ordnung breitete sich auch unter den Schlittenhunden aus.
Det sammenbrud af orden spredte sig også blandt slædehundene.
Sie stritten und stritten mehr denn je und erfüllten das Lager mit Lärm.
De skændtes og skændtes mere end nogensinde før og fyldte lejren med støj.
Das Lagerleben verwandelte sich jede Nacht in ein wildes, heulendes Chaos.
Lejrlivet forvandlede sig til et vildt, hylende kaos hver nat.
Nur Dave und Solleks blieben ruhig und konzentriert.
Kun Dave og Solleks forblev stabile og fokuserede.
Doch selbst sie wurden durch die ständigen Schlägereien ungehalten.
Men selv de blev kort lunte af de konstante slagsmål.
François fluchte in fremden Sprachen und stampfte frustriert auf.
François bandede på fremmede sprog og trampede i frustration.

Er riss sich die Haare aus und schrie, während der Schnee unter seinen Füßen wirbelte.
Han rev sig i håret og råbte, mens sneen fløj under fødderne.
Seine Peitsche knallte über das Rudel, konnte es aber kaum in Schach halten.
Hans pisk knækkede hen over flokken, men holdt dem lige akkurat på linje.
Immer wenn er sich umdrehte, brachen die Kämpfe erneut aus.
Hver gang han vendte ryggen til, brød kampene ud igen.
François setzte die Peitsche für Spitz ein, während Buck die Rebellen anführte.
François brugte piskeslaget til Spitz, mens Buck førte an i oprørerne.
Jeder kannte die Rolle des anderen, aber Buck vermied jegliche Schuldzuweisungen.
Begge kendte den andens rolle, men Buck undgik enhver bebrejdelse.
François hat Buck nie dabei erwischt, wie er eine Schlägerei anfing oder sich vor seiner Arbeit drückte.
François opdagede aldrig Buck i at starte et slagsmål eller unddrage sig sit arbejde.
Buck arbeitete hart im Geschirr – die Mühe erfüllte ihn jetzt mit Begeisterung.
Buck arbejdede hårdt i seletøj – sliddet opildnede nu hans humør.
Doch noch mehr Freude bereitete ihm das Anzetteln von Kämpfen und Chaos im Lager.
Men han fandt endnu mere glæde i at opildne til slagsmål og kaos i lejren.

Eines Abends schreckte Dub an der Mündung des Tahkeena ein Kaninchen auf.
En aften ved Tahkeenas mund forskrækkede Dub en kanin.
Er verpasste den Fang und das Schneeschuhkaninchen sprang davon.
Han missede fangsten, og sneskokaninen sprang væk.

Innerhalb von Sekunden nahm das gesamte Schlittenteam unter wildem Geschrei die Verfolgung auf.
På få sekunder satte hele slædeholdet efter dem under vilde skrig.
In der Nähe beherbergte ein Lager der Northwest Police fünfzig Huskys.
I nærheden husede en politilejr for det nordvestlige politi halvtreds huskyhunde.
Sie schlossen sich der Jagd an und stürmten gemeinsam den zugefrorenen Fluss hinunter.
De sluttede sig til jagten og strømmede sammen ned ad den frosne flod.
Das Kaninchen verließ den Fluss und floh in ein gefrorenes Bachbett.
Kaninen drejede væk fra floden og flygtede op ad et frossent bækleje.
Das Kaninchen hüpfte leichtfüßig über den Schnee, während die Hunde sich durchkämpften.
Kaninen hoppede let hen over sneen, mens hundene kæmpede sig igennem.
Buck führte das riesige Rudel von sechzig Hunden um jede Kurve.
Buck førte den enorme flok på tres hunde rundt om hvert snoede sving.
Er drängte tief und eifrig vorwärts, konnte jedoch keinen Boden gutmachen.
Han skubbede sig fremad, lavt og ivrigt, men kunne ikke vinde terræn.
Bei jedem kraftvollen Sprung blitzte sein Körper im blassen Mondlicht auf.
Hans krop glimtede under den blege måne ved hvert kraftfulde spring.
Vor uns bewegte sich das Kaninchen wie ein Geist, lautlos und zu schnell, um es einzufangen.
Foran bevægede kaninen sig som et spøgelse, tavs og for hurtig til at indhente.

All diese alten Instinkte – der Hunger, der Nervenkitzel – durchströmten Buck.
Alle de gamle instinkter – sulten, spændingen – strømmede gennem Buck.
Manchmal verspüren Menschen diesen Instinkt und werden dazu getrieben, mit Gewehr und Kugel zu jagen.
Mennesker føler dette instinkt til tider, drevet til at jage med gevær og kugle.
Aber Buck empfand dieses Gefühl auf einer tieferen und persönlicheren Ebene.
Men Buck følte denne følelse på et dybere og mere personligt plan.
Sie konnten die Wildnis nicht in ihrem Blut spüren, so wie Buck sie spüren konnte.
De kunne ikke føle vildskaben i deres blod, sådan som Buck kunne.
Er jagte lebendes Fleisch, bereit, mit seinen Zähnen zu töten und Blut zu schmecken.
Han jagtede levende kød, klar til at dræbe med tænderne og smage blod.
Sein Körper spannte sich vor Freude, er wollte in warmem, rotem Leben baden.
Hans krop anstrengte sig af glæde og ville bade i varmt, rødt liv.
Eine seltsame Freude markiert den höchsten Punkt, den das Leben jemals erreichen kann.
En mærkelig glæde markerer det højeste punkt, livet nogensinde kan nå.
Das Gefühl eines Gipfels, bei dem die Lebenden vergessen, dass sie überhaupt am Leben sind.
Følelsen af et højdepunkt, hvor de levende glemmer, at de overhovedet er i live.
Diese tiefe Freude berührt den Künstler, der sich in glühender Inspiration verliert.
Denne dybe glæde rører kunstneren, der er fortabt i en flammende inspiration.

Diese Freude ergreift den Soldaten, der wild kämpft und keinen Feind verschont.
Denne glæde griber soldaten, der kæmper vildt og ikke skåner nogen fjende.
Diese Freude erfasste nun Buck, der das Rudel mit seinem Urhunger anführte.
Denne glæde krævede nu Buck, da han førte an i flokken i ursult.
Er heulte mit dem uralten Wolfsschrei, aufgeregt durch die lebendige Jagd.
Han hylede med det ældgamle ulveskrig, begejstret af den levende jagt.
Buck hat den ältesten Teil seiner selbst angezapft, der in der Wildnis verloren war.
Buck tappede ind i den ældste del af sig selv, fortabt i naturen.
Er griff tief in sein Inneres, in die Vergangenheit, in die raue, uralte Zeit.
Han nåede dybt ind i sin indre, ind i tidligere erindring, ind i den rå, ældgamle tid.
Eine Welle puren Lebens durchströmte jeden Muskel und jede Sehne.
En bølge af rent liv strømmede gennem hver en muskel og sene.
Jeder Sprung schrie, dass er lebte, dass er durch den Tod ging.
Hvert spring råbte, at han levede, at han bevægede sig gennem døden.
Sein Körper schwebte freudig über stilles, kaltes Land, das sich nie regte.
Hans krop svævede glædesfyldt over det stille, kolde land, der aldrig rørte sig.
Spitz blieb selbst in seinen wildesten Momenten kalt und listig.
Spitz forblev kold og snedig, selv i sine vildeste øjeblikke.
Er verließ den Pfad und überquerte das Land, wo der Bach eine weite Biegung machte.

Han forlod stien og krydsede land, hvor bækken snoede sig bredt.
Buck, der davon nichts wusste, blieb auf dem gewundenen Pfad des Kaninchens.
Buck, uvidende om dette, blev på kaninens snoede sti.
Dann, als Buck um eine Kurve bog, stand das geisterhafte Kaninchen vor ihm.
Så, da Buck rundede et sving, var den spøgelseslignende kanin foran ham.
Er sah, wie eine zweite Gestalt vor der Beute vom Ufer sprang.
Han så en anden skikkelse springe fra bredden foran byttet.
Bei der Gestalt handelte es sich um Spitz, der direkt auf dem Weg des fliehenden Kaninchens landete.
Skikkelsen var Spitz, der landede lige i den flygtende kanins vej.
Das Kaninchen konnte sich nicht umdrehen und traf mitten in der Luft auf Spitz' Kiefer.
Kaninen kunne ikke vende sig og mødte Spitz' kæber i luften.
Das Rückgrat des Kaninchens brach mit einem Schrei, der so scharf war wie der Schrei eines sterbenden Menschen.
Kaninens rygrad brækkede med et skrig så skarpt som et døende menneskes skrig.
Bei diesem Geräusch – dem Sturz vom Leben in den Tod – heulte das Rudel laut auf.
Ved den lyd – faldet fra liv til død – hylede flokken højt.
Hinter Buck erhob sich ein wilder Chor voller dunkler Freude.
Et vildt kor rejste sig bag Buck, fuldt af mørk fryd.
Buck gab keinen Schrei von sich, keinen Laut, und stürmte direkt auf Spitz zu.
Buck skreg ikke, ingen lyd, og stormede direkte ind i Spitz.
Er zielte auf die Kehle, traf aber stattdessen die Schulter.
Han sigtede efter halsen, men ramte i stedet skulderen.
Sie stürzten durch den weichen Schnee, ihre Körper waren in einen Kampf verstrickt.

De tumlede gennem blød sne; deres kroppe var låst fast i kamp.

Spitz sprang schnell auf, als wäre er nie niedergeschlagen worden.

Spitz sprang hurtigt op, som om han aldrig var blevet slået ned.

Er schlug auf Bucks Schulter und sprang dann aus dem Kampf.

Han skar Buck i skulderen og sprang derefter væk fra kampen.

Zweimal schnappten seine Zähne wie Stahlfallen, seine Lippen waren grimmig gekräuselt.

To gange knækkede hans tænder som stålfælder, læberne var krøllede og vilde.

Er wich langsam zurück und suchte festen Boden unter seinen Füßen.

Han bakkede langsomt væk og søgte fast grund under fødderne.

Buck verstand den Moment sofort und vollkommen.

Buck forstod øjeblikket øjeblikkeligt og fuldt ud.

Die Zeit war gekommen; der Kampf würde ein Kampf auf Leben und Tod werden.

Tiden var kommet; kampen ville blive en kamp til døden.

Die beiden Hunde umkreisten knurrend den Raum, legten die Ohren an und kniffen die Augen zusammen.

De to hunde gik i ring, knurrede med flade ører og sammenknyttede øjne.

Jeder Hund wartete darauf, dass der andere Schwäche zeigte oder einen Fehltritt machte.

Hver hund ventede på, at den anden skulle vise svaghed eller fejltrin.

Buck hatte ein unheimliches Gefühl, die Szene zu kennen und tief in Erinnerung zu behalten.

For Buck føltes scenen uhyggeligt kendt og dybt husket.

Die weißen Wälder, die kalte Erde, die Schlacht im Mondlicht.

De hvide skove, den kolde jord, kampen under måneskin.

Eine schwere Stille erfüllte das Land, tief und unnatürlich.
En tung stilhed fyldte landet, dyb og unaturlig.
Kein Wind regte sich, kein Blatt bewegte sich, kein Geräusch unterbrach die Stille.
Ingen vind rørte sig, intet blad bevægede sig, ingen lyd brød stilheden.
Der Atem der Hunde stieg wie Rauch in die eiskalte, stille Luft.
Hundenes åndedrag steg som røg i den frosne, stille luft.
Das Kaninchen war von der Meute der wilden Tiere längst vergessen.
Kaninen var for længst glemt af flokken af vilde dyr.
Diese halb gezähmten Wölfe standen nun still in einem weiten Kreis.
Disse halvtæmmede ulve stod nu stille i en vid cirkel.
Sie waren still, nur ihre leuchtenden Augen verrieten ihren Hunger.
De var stille, kun deres glødende øjne afslørede deres sult.
Ihr Atem stieg auf, als sie den Beginn des Endkampfes beobachteten.
Deres åndedræt drev opad, mens de så den sidste kamp begynde.
Für Buck war dieser Kampf alt und erwartet, überhaupt nicht ungewöhnlich.
For Buck var dette slag gammelt og forventet, slet ikke mærkeligt.
Es fühlte sich an wie die Erinnerung an etwas, das schon immer passieren sollte.
Det føltes som et minde om noget, der altid har været meningen, at skulle ske.
Spitz war ein ausgebildeter Kampfhund, gestählt durch zahllose wilde Schlägereien.
Spitz var en trænet kamphund, finpudset af utallige vilde slagsmål.
Von Spitzbergen bis Kanada hatte er viele Feinde besiegt.
Fra Spitsbergen til Canada havde han besejret mange fjender.
Er war voller Wut, ließ seiner Wut jedoch nie freien Lauf.

Han var fyldt med raseri, men gav aldrig kontrollen over raseriet.
Seine Leidenschaft war scharf, aber immer durch einen harten Instinkt gemildert.
Hans lidenskab var skarp, men altid dæmpet af et hårdt instinkt.
Er griff nie an, bis seine eigene Verteidigung stand.
Han angreb aldrig, før hans eget forsvar var på plads.
Buck versuchte immer wieder, Spitz' verwundbaren Hals zu erreichen.
Buck forsøgte igen og igen at nå Spitz' sårbare hals.
Doch jeder Schlag wurde von Spitz' scharfen Zähnen mit einem Hieb beantwortet.
Men hvert slag blev mødt af et hug fra Spitz' skarpe tænder.
Ihre Reißzähne prallten aufeinander und beide Hunde bluteten aus den aufgerissenen Lippen.
Deres hugtænder stødte sammen, og begge hunde blødte fra flængede læber.
Egal, wie sehr Buck sich auch wehrte, er konnte die Verteidigung nicht durchbrechen.
Uanset hvor meget Buck kastede sig frem, kunne han ikke bryde forsvaret.
Er wurde immer wütender und stürmte mit wilden Kraftausbrüchen hinein.
Han blev mere og mere rasende og stormede ind med vilde magtanfald.
Immer wieder schlug Buck nach der weißen Kehle von Spitz.
Igen og igen slog Buck efter Spitz' hvide strube.
Jedes Mal wich Spitz aus und schlug mit einem schneidenden Biss zurück.
Hver gang undveg Spitz og slog igen med et skivende bid.
Dann änderte Buck seine Taktik und stürzte sich erneut darauf, als wolle er ihm die Kehle zu Leibe rücken.
Så ændrede Buck taktik og skyndte sig igen, som om han ville have struben.

Doch er zog sich mitten im Angriff zurück und drehte sich um, um von der Seite zuzuschlagen.

Men han trak sig tilbage midt i angrebet og vendte sig mod siden.

Er warf Spitz seine Schulter entgegen, um ihn niederzuschlagen.

Han kastede sin skulder ind i Spitz i den hensigt at slå ham ned.

Bei jedem Versuch wich Spitz aus und konterte mit einem Hieb.

Hver gang han forsøgte, undveg Spitz og svarede igen med et hug.

Bucks Schulter wurde wund, als Spitz nach jedem Schlag davonsprang.

Bucks skulder blev ømme, da Spitz sprang fri efter hvert slag.

Spitz war nicht berührt worden, während Buck aus vielen Wunden blutete.

Spitz var ikke blevet rørt, mens Buck blødte fra mange sår.

Bucks Atem ging schnell und schwer, sein Körper war blutverschmiert.

Bucks åndedrag kom hurtigt og tungt, hans krop glat af blod.

Mit jedem Biss und Angriff wurde der Kampf brutaler.

Kampen blev mere brutal med hvert bid og angreb.

Um sie herum warteten sechzig stille Hunde darauf, dass der erste fiel.

Omkring dem ventede tres tavse hunde på, at de første skulle falde.

Wenn ein Hund zu Boden ging, würde das Rudel den Kampf beenden.

Hvis én hund faldt, ville flokken afslutte kampen.

Spitz sah, dass Buck schwächer wurde, und begann, den Angriff voranzutreiben.

Spitz så Buck blive svagere og begyndte at presse på for angrebet.

Er brachte Buck aus dem Gleichgewicht und zwang ihn, um Halt zu kämpfen.

Han holdt Buck ude af balance og tvang ham til at kæmpe for fodfæste.
Einmal stolperte Buck und fiel, und alle Hunde standen auf.
Engang snublede Buck og faldt, og alle hundene rejste sig.
Doch Buck richtete sich mitten im Fall auf und alle sanken wieder zu Boden.
Men Buck rettede sig op midt i faldet, og alle sank ned igen.
Buck hatte etwas Seltenes – eine Vorstellungskraft, die aus tiefem Instinkt geboren war.
Buck havde noget sjældent – fantasi født af dyb instinkt.
Er kämpfte mit natürlichem Antrieb, aber auch mit List.
Han kæmpede af naturlig drift, men han kæmpede også med list.
Er griff erneut an, als würde er seinen Schulterangriffstrick wiederholen.
Han angreb igen, som om han gentog sit skulderangrebstrick.
Doch in der letzten Sekunde ließ er sich fallen und flog unter Spitz hindurch.
Men i sidste sekund faldt han lavt og fejede ind under Spitz.
Seine Zähne schnappten um Spitz' linkes Vorderbein.
Hans tænder låste sig fast på Spitz' forreste venstre ben med et smæld.
Spitz stand nun unsicher da, sein Gewicht ruhte nur noch auf drei Beinen.
Spitz stod nu ustabel, hans vægt på kun tre ben.
Buck schlug erneut zu und versuchte dreimal, ihn zu Fall zu bringen.
Buck slog til igen og forsøgte tre gange at få ham ned.
Beim vierten Versuch nutzte er denselben Zug mit Erfolg
I fjerde forsøg brugte han den samme bevægelse med succes
Diesmal gelang es Buck, Spitz in das rechte Bein zu beißen.
Denne gang lykkedes det Buck at bide Spitz i højre ben.
Obwohl Spitz verkrüppelt war und große Schmerzen litt, kämpfte er weiter ums Überleben.
Spitz, selvom han var forkrøblet og i smerte, kæmpede fortsat for at overleve.

Er sah, wie der Kreis der Huskys enger wurde, die Zungen herausstreckten und deren Augen leuchteten.
Han så kredsen af huskyer stramme sig sammen, med tungerne ude og øjnene glødende.
Sie warteten darauf, ihn zu verschlingen, so wie sie es mit anderen getan hatten.
De ventede på at fortære ham, ligesom de havde gjort mod andre.
Dieses Mal stand er im Mittelpunkt: besiegt und verdammt.
Denne gang stod han i midten; besejret og dømt.
Für den weißen Hund gab es jetzt keine Möglichkeit mehr zu entkommen.
Der var ingen mulighed for at flygte for den hvide hund nu.
Buck kannte keine Gnade, denn Gnade hatte in der Wildnis nichts zu suchen.
Buck viste ingen nåde, for nåde hørte ikke hjemme i naturen.
Buck bewegte sich vorsichtig und bereitete sich auf den letzten Angriff vor.
Buck bevægede sig forsigtigt og gjorde sig klar til det sidste angreb.
Der Kreis der Huskys schloss sich, er spürte ihren warmen Atem.
Cirklen af huskyer lukkede sig om ham; han mærkede deres varme åndedræt.
Sie duckten sich und waren bereit, im richtigen Moment zu springen.
De krøb sammen, klar til at springe, når øjeblikket kom.
Spitz zitterte im Schnee, knurrte und veränderte seine Haltung.
Spitz dirrede i sneen, knurrede og skiftede stilling.
Seine Augen funkelten, seine Lippen waren gekräuselt und seine Zähne blitzten in verzweifelter Drohung.
Hans øjne stirrede, læberne krøllede sig sammen, tænderne glimtede i desperat trussel.
Er taumelte und versuchte immer noch, dem kalten Biss des Todes standzuhalten.

Han vaklede, stadig forsøgende at holde dødens kolde bid tilbage.

Er hatte das schon früher erlebt, aber immer von der Gewinnerseite.

Han havde set dette før, men altid fra den vindende side.

Jetzt war er auf der Verliererseite, der Besiegte, die Beute, der Tod.

Nu var han på den tabende side; den besejrede; byttet; døden.

Buck umkreiste ihn für den letzten Schlag, der Hundekreis rückte näher.

Buck gik i kredse for at give det sidste slag, hundekredsen pressede sig tættere på.

Er konnte ihren heißen Atem spüren; bereit zum Töten.

Han kunne mærke deres varme åndedræt; klar til at blive dræbt.

Stille breitete sich aus; alles war an seinem Platz; die Zeit war stehen geblieben.

Der faldt stilhed; alt var på sin plads; tiden var gået i stå.

Sogar die kalte Luft zwischen ihnen gefror für einen letzten Moment.

Selv den kolde luft mellem dem frøs til et sidste øjeblik.

Nur Spitz bewegte sich und versuchte, sein bitteres Ende abzuwenden.

Kun Spitz bevægede sig og forsøgte at holde sin bitre ende tilbage.

Der Kreis der Hunde schloss sich um ihn, und das war sein Schicksal.

Hundekredsen lukkede sig om ham, ligesom hans skæbne var.

Er war jetzt verzweifelt, da er wusste, was passieren würde.

Han var desperat nu, vel vidende hvad der ville ske.

Buck sprang hinein, Schulter an Schulter traf ein letztes Mal.

Buck sprang ind, skulder mødte skulder en sidste gang.

Die Hunde drängten vorwärts und deckten Spitz in der verschneiten Dunkelheit.

Hundene stormede frem og dækkede Spitz i det snedækkede mørke.

Buck sah zu, aufrecht stehend; der Sieger in einer wilden Welt.
Buck så til, rank stående; sejrherren i en vild verden.
Das dominante Urtier hatte seine Beute gemacht, und es war gut.
Det dominerende urdyr havde gjort sit dræb, og det var godt.

Wer die Meisterschaft erlangt hat
Han, som har vundet mesterskabet

„Wie? Was habe ich gesagt? Ich sage die Wahrheit, wenn ich sage, dass Buck ein Teufel ist."
"Øh? Hvad sagde jeg? Jeg taler sandt, når jeg siger, at Buck er en djævel."

François sagte dies am nächsten Morgen, nachdem er festgestellt hatte, dass Spitz verschwunden war.
François sagde dette den næste morgen efter at have fundet Spitz savnet.

Buck stand da, übersät mit Wunden aus dem erbitterten Kampf.
Buck stod der, dækket af sår fra den voldsomme kamp.

François zog Buck zum Feuer und zeigte auf die Verletzungen.
François trak Buck hen til ilden og pegede på sårene.

„Dieser Spitz hat gekämpft wie der Devik", sagte Perrault und beäugte die tiefen Schnittwunden.
"Den Spitz kæmpede som Devik," sagde Perrault, mens han betragtede de dybe snitsår.

„Und dieser Buck hat wie zwei Teufel gekämpft", antwortete François sofort.
„Og at Buck kæmpede som to djævle," svarede François straks.

„Jetzt kommen wir gut voran; kein Spitz mehr, kein Ärger mehr."
"Nu skal vi have det godt; ikke mere Spitz, ikke mere ballade."

Perrault packte die Ausrüstung und belud den Schlitten sorgfältig.
Perrault pakkede udstyret og læssede slæden omhyggeligt.

François spannte die Hunde für den Lauf des Tages an.
François spændte hundene for som forberedelse til dagens løbetur.

Buck trabte direkt an die Führungsposition, die einst Spitz innehatte.

Buck travede direkte til den førende position, som Spitz engang havde haft.

Doch François bemerkte es nicht und führte Solleks nach vorne.

Men François, uden at bemærke det, førte Solleks frem til fronten.

Nach François' Einschätzung war Solleks nun der beste Leithund.

Efter François' vurdering var Solleks nu den bedste førerhund.

Buck stürzte sich wütend auf Solleks und trieb ihn aus Protest zurück.

Buck sprang rasende mod Solleks og drev ham tilbage i protest.

Er stand dort, wo einst Spitz gestanden hatte, und beanspruchte die Führungsposition.

Han stod, hvor Spitz engang havde stået, og gjorde krav på den førende position.

„Wie? Wie?", rief François und schlug sich amüsiert auf die Schenkel.

"Eh? Eh?" udbrød François og slog sig muntert på lårene.

„Sehen Sie sich Buck an – er hat Spitz umgebracht und jetzt will er ihm den Job wegnehmen!"

"Se på Buck – han dræbte Spitz, nu vil han tage jobbet!"

„Geh weg, Chook!", schrie er und versuchte, Buck zu vertreiben.

"Gå væk, Chook!" råbte han og forsøgte at skræmme Buck væk.

Aber Buck weigerte sich, sich zu bewegen und blieb fest im Schnee stehen.

Men Buck nægtede at røre sig og stod fast i sneen.

François packte Buck am Genick und zog ihn beiseite.

François greb fat i Bucks halsskind og trak ham til side.

Buck knurrte leise und drohend, griff aber nicht an.

Buck knurrede lavt og truende, men angreb ikke.

François brachte Solleks wieder in Führung und versuchte, den Streit zu schlichten

François bragte Solleks tilbage i føringen og forsøgte at bilægge striden.

Der alte Hund zeigte Angst vor Buck und wollte nicht bleiben.

Den gamle hund viste frygt for Buck og ville ikke blive.

Als François ihm den Rücken zuwandte, verjagte Buck Solleks wieder.

Da François vendte ryggen til, drev Buck Solleks ud igen.

Solleks leistete keinen Widerstand und trat erneut leise zur Seite.

Solleks gjorde ikke modstand og trådte stille til side endnu engang.

François wurde wütend und schrie: „Bei Gott, ich werde dich heilen!"

François blev vred og råbte: "Ved Gud, jeg ordner dig!"

Er kam mit einer schweren Keule in der Hand auf Buck zu.

Han kom hen imod Buck med en tung kølle i hånden.

Buck erinnerte sich gut an den Mann im roten Pullover.

Buck huskede tydeligt manden i den røde sweater.

Er zog sich langsam zurück, beobachtete François, knurrte jedoch tief.

Han trak sig langsomt tilbage, mens han iagttog François, men knurrede dybt.

Er eilte nicht zurück, auch nicht, als Solleks an seiner Stelle stand.

Han skyndte sig ikke tilbage, selv da Solleks stod på hans plads.

Buck kreiste knapp außerhalb seiner Reichweite und knurrte wütend und protestierend.

Buck cirklede lige uden for rækkevidde, mens han knurrede i raseri og protest.

Er behielt den Schläger im Auge und war bereit auszuweichen, falls François warf.

Han holdt blikket rettet mod køllen, klar til at undvige, hvis François kastede.

Er war weise und vorsichtig geworden im Umgang mit bewaffneten Männern.

Han var blevet klog og på vagt over for mænd med våben.
François gab auf und rief Buck erneut an seinen alten Platz.
François gav op og kaldte Buck tilbage til sit tidligere sted igen.
Aber Buck trat vorsichtig zurück und weigerte sich, dem Befehl Folge zu leisten.
Men Buck trådte forsigtigt tilbage og nægtede at adlyde ordren.
François folgte ihm, aber Buck wich nur ein paar Schritte zurück.
François fulgte efter, men Buck trak sig kun et par skridt tilbage.
Nach einiger Zeit warf François frustriert die Waffe hin.
Efter et stykke tid kastede François våbnet fra sig i frustration.
Er dachte, Buck hätte Angst vor einer Tracht Prügel und würde ruhig kommen.
Han troede, at Buck frygtede at blive slået, og at han ville komme stille og roligt.
Aber Buck wollte sich nicht vor einer Strafe drücken – er kämpfte um seinen Rang.
Men Buck undgik ikke straf – han kæmpede for rang.
Er hatte sich den Platz als Leithund durch einen Kampf auf Leben und Tod verdient
Han havde fortjent førerhundspladsen gennem en kamp på liv og død
er würde sich mit nichts Geringerem zufrieden geben, als der Anführer zu sein.
Han ville ikke nøjes med andet end at være leder.

Perrault beteiligte sich an der Verfolgung, um den rebellischen Buck zu fangen.
Perrault tog en hånd med i jagten for at hjælpe med at fange den oprørske Buck.
Gemeinsam ließen sie ihn fast eine Stunde lang durch das Lager laufen.
Sammen løb de ham rundt i lejren i næsten en time.

Sie warfen Knüppel nach ihm, aber Buck wich jedem Schlag geschickt aus.
De kastede køller efter ham, men Buck undveg hver enkelt dygtigt.
Sie verfluchten ihn, seine Vorfahren, seine Nachkommen und jedes Haar an ihm.
De forbandede ham, hans forfædre, hans efterkommere og hvert et hårstrå på ham. ·
Aber Buck knurrte nur zurück und blieb gerade außerhalb ihrer Reichweite.
Men Buck knurrede bare tilbage og holdt sig lige uden for deres rækkevidde.
Er versuchte nie wegzulaufen, sondern umkreiste das Lager absichtlich.
Han forsøgte aldrig at løbe væk, men gik bevidst rundt om lejren.
Er machte klar, dass er gehorchen würde, sobald sie ihm gäben, was er wollte.
Han gjorde det klart, at han ville adlyde, når de først havde givet ham, hvad han ønskede.
Schließlich setzte sich François hin und kratzte sich frustriert am Kopf.
François satte sig endelig ned og kløede sig frustreret i hovedet.
Perrault sah auf seine Uhr, fluchte und murmelte etwas über die verlorene Zeit.
Perrault kiggede på sit ur, bandede og mumlede om tabt tid.
Obwohl sie eigentlich auf der Spur sein sollten, war bereits eine Stunde vergangen.
Der var allerede gået en time, hvor de burde have været på sporet.
François zuckte verlegen mit den Achseln, als der Kurier resigniert seufzte.
François trak fåret på skuldrene mod kureren, som sukkede nederlagent.
Dann ging François zu Solleks und rief Buck noch einmal.

Så gik François hen til Solleks og kaldte endnu engang på Buck.

Buck lachte wie ein Hund, wahrte jedoch vorsichtig seine Distanz.

Buck lo som en hund griner, men holdt sig forsigtigt på afstand.

François nahm Solleks das Geschirr ab und brachte ihn an seinen Platz zurück.

François tog Solleks' sele af og bragte ham tilbage på sin plads.

Das Schlittenteam stand voll angespannt da, nur ein Platz war unbesetzt.

Slædeholdet stod fuldt spændt, med kun én ledig plads.

Die Führungsposition blieb leer und war eindeutig nur für Buck bestimmt.

Føringspositionen forblev tom, tydeligvis kun tiltænkt Buck.

François rief erneut, und wieder lachte Buck und blieb standhaft.

François kaldte igen, og igen lo Buck og holdt stand.

„Wirf die Keule weg", befahl Perrault ohne zu zögern.

"Smid køllen ned," beordrede Perrault uden tøven.

François gehorchte und Buck trabte sofort stolz vorwärts.

François adlød, og Buck travede straks stolt frem.

Er lachte triumphierend und übernahm die Führungsposition.

Han lo triumferende og trådte ind i førerpositionen.

François befestigte seine Leinen und der Schlitten wurde losgerissen.

François sikrede sine spor, og slæden blev brudt løs.

Beide Männer liefen neben dem Team her, als es auf den Flusspfad rannte.

Begge mænd løb side om side, mens holdet løb ind på flodstien.

François hatte Bucks „zwei Teufel" sehr geschätzt,

François havde haft høje tanker om Bucks "to djævle".

aber er merkte bald, dass er den Hund tatsächlich unterschätzt hatte.

men han indså hurtigt, at han faktisk havde undervurderet hunden.

Buck übernahm schnell die Führung und erbrachte hervorragende Leistungen.

Buck overtog hurtigt lederskabet og præsterede med fremragende præstation.

In puncto Urteilsvermögen, schnelles Denken und schnelles Handeln übertraf Buck Spitz.

I dømmekraft, hurtig tænkning og hurtig handling overgik Buck Spitz.

François hatte noch nie einen Hund gesehen, der dem von Buck gleichkam.

François havde aldrig set en hund, der kunne måle sig med den, Buck nu fremviste.

Aber Buck war wirklich herausragend darin, für Ordnung zu sorgen und Respekt zu erlangen.

Men Buck udmærkede sig virkelig ved at håndhæve orden og indgyde respekt.

Dave und Solleks akzeptierten die Änderung ohne Bedenken oder Protest.

Dave og Solleks accepterede ændringen uden bekymring eller protest.

Sie konzentrierten sich nur auf die Arbeit und zogen kräftig die Zügel an.

De fokuserede kun på arbejde og at trække hårdt i tøjlerne.

Es war ihnen egal, wer führte, solange der Schlitten in Bewegung blieb.

De var ligeglade med, hvem der førte, så længe slæden blev ved med at bevæge sig.

Billee, der Fröhliche, hätte, soweit es sie interessierte, die Führung übernehmen können.

Billee, den muntre, kunne have ledet an uanset hvad de brød sig om.

Was ihnen wichtig war, waren Frieden und Ordnung in den Reihen.

Det, der betød noget for dem, var ro og orden i rækkerne.

Der Rest des Teams war während Spitz' Niedergang unbändig geworden.
Resten af holdet var blevet uregerligt under Spitz' tilbagegang.
Sie waren schockiert, als Buck sie sofort zur Ordnung rief.
De var chokerede, da Buck straks bragte dem til orden.
Pike war immer faul gewesen und hatte Buck hinterhergehangen.
Pike havde altid været doven og havde slæbt fødderne efter Buck.
Doch nun wurde er von der neuen Führung scharf diszipliniert.
Men nu blev han skarpt disciplineret af den nye ledelse.
Und er lernte schnell, seinen Teil zum Team beizutragen.
Og han lærte hurtigt at trække sin balk på holdet.
Am Ende des Tages hatte Pike härter gearbeitet als je zuvor.
Ved dagens slutning arbejdede Pike hårdere end nogensinde før.
In dieser Nacht im Lager wurde Joe, der mürrische Hund, endlich beruhigt.
Den aften i lejren blev Joe, den sure hund, endelig underkuet.
Spitz hatte es nicht geschafft, ihn zu disziplinieren, aber Buck versagte nicht.
Spitz havde undladt at disciplinere ham, men Buck fejlede ikke.
Durch die Nutzung seines größeren Gewichts überwältigte Buck Joe in Sekundenschnelle.
Ved at bruge sin større vægt overmandede Buck Joe på få sekunder.
Er biss und schlug Joe, bis dieser wimmerte und aufhörte, sich zu wehren.
Han bed og slog Joe, indtil han klynkede og holdt op med at gøre modstand.
Von diesem Moment an verbesserte sich das gesamte Team.
Hele holdet forbedrede sig fra det øjeblik.
Die Hunde erlangten ihre alte Einheit und Disziplin zurück.
Hundene genvandt deres gamle sammenhold og disciplin.

In Rink Rapids kamen zwei neue einheimische Huskies hinzu, Teek und Koona.
Ved Rink Rapids kom to nye indfødte huskies, Teek og Koona, til.

Bucks schnelle Ausbildung erstaunte sogar François.
Bucks hurtige træning af dem forbløffede selv François.

„So einen Hund wie diesen Buck hat es noch nie gegeben!", rief er erstaunt.
"Aldrig har der været sådan en hund som den Buck!" udbrød han forbløffet.

„Nein, niemals! Er ist tausend Dollar wert, bei Gott!"
"Nej, aldrig! Han er tusind dollars værd, for pokker!"

„Wie? Was sagst du dazu, Perrault?", fragte er stolz.
"Eh? Hvad siger du, Perrault?" spurgte han stolt.

Perrault nickte zustimmend und überprüfte seine Notizen.
Perrault nikkede samtykkende og tjekkede sine noter.

Wir liegen bereits vor dem Zeitplan und kommen täglich weiter voran.
Vi er allerede foran tidsplanen og får mere hver dag.

Der Weg war festgestampft und glatt, es lag kein Neuschnee.
Stien var hårdt pakket og jævn, uden nysne.

Es war konstant kalt und lag die ganze Zeit bei minus fünfzig Grad.
Kulden var støt og svævede på halvtreds minusgrader hele tiden.

Die Männer ritten und rannten abwechselnd, um sich warm zu halten und Zeit zu gewinnen.
Mændene red og løb på skift for at holde varmen og få tid.

Die Hunde rannten schnell, mit wenigen Pausen, immer vorwärts.
Hundene løb hurtigt med få stop, altid skubbede de fremad.

Der Thirty Mile River war größtenteils zugefroren und leicht zu überqueren.
Thirty Mile-floden var for det meste frossen og nem at krydse.

Was zehn Tage gedauert hatte, wurde an einem Tag verschickt.

De drog ud på én dag, hvad der havde taget ti dage at komme ind.
Sie legten einen sechsundneunzig Kilometer langen Sprint vom Lake Le Barge nach White Horse zurück.
De susede 10 kilometer fra Lake Le Barge til White Horse.
Sie bewegten sich unglaublich schnell über die Seen Marsh, Tagish und Bennett.
Hen over Marsh, Tagish og Bennett Lakes bevægede de sig utroligt hurtigt.
Der laufende Mann wird an einem Seil hinter dem Schlitten hergezogen.
Den løbende mand bugserede bag slæden i et reb.
In der letzten Nacht der zweiten Woche erreichten sie ihr Ziel.
På den sidste aften i uge to nåede de deres destination.
Sie hatten gemeinsam die Spitze des White Pass erreicht.
De havde nået toppen af White Pass sammen.
Sie sanken auf Meereshöhe hinab, mit den Lichtern von Skaguay unter ihnen.
De faldt ned til havets overflade med Skaguays lys under dem.
Es war ein Rekordlauf durch kilometerlange kalte Wildnis.
Det havde været en rekordslået løbetur gennem kilometervis af kold vildmark.
An vierzehn aufeinanderfolgenden Tagen legten sie im Durchschnitt satte vierundsechzig Kilometer zurück.
I fjorten dage i træk tilbagelagde de et gennemsnit på 64 kilometer.
In Skaguay transportierten Perrault und François Fracht durch die Stadt.
I Skaguay flyttede Perrault og François gods gennem byen.
Die bewundernde Menge jubelte ihnen zu und bot ihnen viele Getränke an.
De blev hyldet og tilbudt mange drinks af beundrende folkemængder.
Hundefänger und Arbeiter versammelten sich um das berühmte Hundegespann.

Hundejagtere og arbejdere samledes omkring det berømte hundespand.

Dann kamen Gesetzlose aus dem Westen in die Stadt und erlitten eine brutale Niederlage.

Så kom vestlige fredløse til byen og led et voldsomt nederlag.

Die Leute vergaßen bald das Team und konzentrierten sich auf neue Dramen.

Folket glemte hurtigt holdet og fokuserede på nyt drama.

Dann kamen die neuen Befehle, die alles auf einen Schlag veränderten.

Så kom de nye ordrer, der ændrede alt på én gang.

François rief Buck zu sich und umarmte ihn mit tränenreichem Stolz.

François kaldte Buck hen til sig og krammede ham med tårevædet stolthed.

In diesem Moment sah Buck François zum letzten Mal wieder.

Det øjeblik var sidste gang Buck nogensinde så François igen.

Wie viele Männer zuvor waren sowohl François als auch Perrault nicht mehr da.

Ligesom mange mænd før var både François og Perrault væk.

Ein schottischer Mischling übernahm das Kommando über Buck und seine Schlittenhunde-Kollegen.

En skotsk halvblodshund tog ansvaret for Buck og hans slædehundekammerater.

Mit einem Dutzend anderer Hundegespanne kehrten sie auf dem Weg nach Dawson zurück.

Med et dusin andre hundehold vendte de tilbage langs stien til Dawson.

Es war kein Schnelllauf mehr, sondern harte Arbeit mit einer schweren Last jeden Tag.

Det var ikke længere nogen hurtig løbetur – bare hårdt slid med en tung last hver dag.

Dies war der Postzug, der den Goldsuchern in der Nähe des Pols Nachrichten brachte.

Dette var posttoget, der bragte bud til guldjægere nær polen.

Buck mochte die Arbeit nicht, ertrug sie jedoch gut und war stolz auf seine Leistung.
Buck kunne ikke lide arbejdet, men han bar det godt og var stolt af sin indsats.
Wie Dave und Solleks zeigte Buck Hingabe bei jeder täglichen Aufgabe.
Ligesom Dave og Solleks viste Buck hengivenhed til hver eneste daglige opgave.
Er stellte sicher, dass jeder seiner Teamkollegen seinen Teil beitrug.
Han sørgede for, at hans holdkammerater hver især ydede deres rette pligt.
Das Leben auf dem Trail wurde langweilig und wiederholte sich mit der Präzision einer Maschine.
Livet på stierne blev kedeligt, gentaget med en maskines præcision.
Jeder Tag fühlte sich gleich an, ein Morgen ging in den nächsten über.
Hver dag føltes ens, den ene morgen smeltede sammen med den næste.
Zur gleichen Stunde standen die Köche auf, um Feuer zu machen und Essen zuzubereiten.
I samme time stod kokkene op for at lave bål og tilberede mad.
Nach dem Frühstück verließen einige das Lager, während andere die Hunde anspannten.
Efter morgenmaden forlod nogle lejren, mens andre spændte hundene for.
Sie machten sich auf den Weg, bevor die schwache Morgendämmerung den Himmel berührte.
De ramte stien, før den svage varsling om daggry rørte himlen.
Nachts hielten sie an, um ihr Lager aufzuschlagen, wobei jeder Mann eine festgelegte Aufgabe hatte.
Om natten stoppede de for at slå lejr, hver mand med en fast opgave.

Einige stellten die Zelte auf, andere hackten Feuerholz und sammelten Kiefernzweige.
Nogle slog telte op, andre fældede brænde og samlede fyrregrene.
Zum Abendessen wurde den Köchen Wasser oder Eis mitgebracht.
Vand eller is blev båret tilbage til kokkene til aftensmåltidet.
Die Hunde wurden gefüttert und das war für sie der schönste Teil des Tages.
Hundene blev fodret, og dette var den bedste del af dagen for dem.
Nachdem sie Fisch gegessen hatten, entspannten sich die Hunde und machten es sich in der Nähe des Feuers gemütlich.
Efter at have spist fisk, slappede hundene af og lå ved bålet.
Im Konvoi waren noch hundert andere Hunde, unter die man sich mischen konnte.
Der var hundrede andre hunde i konvojen at blande sig med.
Viele dieser Hunde waren wild und kämpften ohne Vorwarnung.
Mange af disse hunde var vilde og hurtige til at slås uden varsel.
Doch nach drei Siegen war Buck selbst den härtesten Kämpfern überlegen.
Men efter tre sejre mestrede Buck selv de vildeste kæmpere.
Als Buck nun knurrte und die Zähne fletschte, traten sie zur Seite.
Da Buck knurrede og viste tænderne, trådte de til side.
Und das Beste war vielleicht, dass Buck es liebte, neben dem flackernden Lagerfeuer zu liegen.
Måske allerbedst elskede Buck at ligge nær det blafrende lejrbål.
Er hockte mit angezogenen Hinterbeinen und nach vorne gestreckten Vorderbeinen.
Han krøb sammen med bagbenene indad og forbenene strakt fremad.

Er hatte den Kopf erhoben und blinzelte sanft in die glühenden Flammen.
Hans hoved var løftet, mens han blinkede sagte mod de glødende flammer.
Manchmal musste er an Richter Millers großes Haus in Santa Clara denken.
Nogle gange huskede han dommer Millers store hus i Santa Clara.
Er dachte an den Zementpool, an Ysabel und den Mops namens Toots.
Han tænkte på cementbassinet, på Ysabel og mopsen, der hed Toots.
Aber häufiger musste er an die Keule des Mannes mit dem roten Pullover denken.
Men oftere huskede han manden med den røde sweaters kølle.
Er erinnerte sich an Curlys Tod und seinen erbitterten Kampf mit Spitz.
Han huskede Krøllets død og hans voldsomme kamp med Spitz.
Er erinnerte sich auch an das gute Essen, das er gegessen hatte oder von dem er immer noch träumte.
Han huskede også den gode mad, han havde spist eller stadig drømte om.
Buck hatte kein Heimweh – das warme Tal war weit weg und unwirklich.
Buck havde ikke hjemve – den varme dal var fjern og uvirkelig.
Die Erinnerungen an Kalifornien hatten keine große Anziehungskraft mehr auf ihn.
Minderne fra Californien havde ikke længere nogen reel tiltrækningskraft på ham.
Stärker als die Erinnerung waren die tief in seinem Blut verwurzelten Instinkte.
Stærkere end hukommelsen var instinkter dybt i hans blodslinje.

Einst verlorene Gewohnheiten waren zurückgekehrt und durch den Weg und die Wildnis wiederbelebt worden.
Engang tabte vaner var vendt tilbage, genoplivet af stien og naturen.
Während Buck das Feuerlicht betrachtete, veränderte sich seine Wahrnehmung manchmal.
Når Buck så på ildens skær, blev det sommetider til noget andet.
Er sah im Feuerschein ein anderes Feuer, älter und tiefer als das gegenwärtige.
Han så i ildens skær en anden ild, ældre og dybere end den nuværende.
Neben dem anderen Feuer hockte ein Mann, der anders aussah als der Mischlingskoch.
Ved siden af den anden ild lå en mand, ulig den halvblodskok.
Diese Figur hatte kurze Beine, lange Arme und harte, verknotete Muskeln.
Denne figur havde korte ben, lange arme og hårde, knudrede muskler.
Sein Haar war lang und verfilzt und fiel von den Augen nach hinten ab.
Hans hår var langt og filtret og skrånede bagover fra øjnene.
Er gab seltsame Geräusche von sich und starrte voller Angst in die Dunkelheit.
Han lavede mærkelige lyde og stirrede frygtsomt ud i mørket.
Er hielt eine Steinkeule tief in seiner langen, rauen Hand fest.
Han holdt en stenkølle lavt, fast grebet i sin lange, ru hånd.
Der Mann trug wenig, nur eine verkohlte Haut, die ihm den Rücken hinunterhing.
Manden havde kun lidt på; kun en forkullet hud, der hang ned ad ryggen.
Sein Körper war an Armen, Brust und Oberschenkeln mit dichtem Haar bedeckt.
Hans krop var dækket af tykt hår på tværs af arme, bryst og lår.

Einige Teile des Haares waren zu rauen Fellbüscheln verfilzt.
Nogle dele af håret var viklet ind i pletter af ru pels.
Er stand nicht gerade, sondern war von der Hüfte bis zu den Knien nach vorne gebeugt.
Han stod ikke lige, men bøjede sig forover fra hofterne til knæene.
Seine Schritte waren federnd und katzenartig, als wäre er immer zum Sprung bereit.
Hans skridt var spændstige og katteagtige, som om han altid var klar til at springe.
Er war in höchster Wachsamkeit, als lebte er in ständiger Angst.
Der var en skarp årvågenhed, som om han levede i konstant frygt.
Dieser alte Mann schien mit Gefahr zu rechnen, ob er die Gefahr nun sah oder nicht.
Denne oldgamle mand syntes at forvente fare, uanset om faren blev set eller ej.
Manchmal schlief der haarige Mann am Feuer, den Kopf zwischen die Beine gesteckt.
Til tider sov den behårede mand ved ilden med hovedet mellem benene.
Seine Ellbogen ruhten auf seinen Knien, die Hände waren über seinem Kopf gefaltet.
Hans albuer hvilede på hans knæ, hænderne foldet over hans hoved.
Wie ein Hund benutzte er seine haarigen Arme, um den fallenden Regen abzuschütteln.
Ligesom en hund brugte han sine behårede arme til at afværge den faldende regn.
Hinter dem Feuerschein sah Buck zwei Kohlen im Dunkeln glühen.
Bag ildens skær så Buck to kul, der glødede i mørket.
Immer zu zweit, waren sie die Augen der sich anpirschenden Raubtiere.
Altid to og to var de øjnene på forfølgende rovdyr.

Er hörte, wie Körper durchs Unterholz krachten und Geräusche in der Nacht.
Han hørte lig brage gennem krat og lyde fra natten.
Buck lag blinzelnd am Ufer des Yukon und träumte am Feuer.
Buck lå blinkende på Yukon-bredden og drømte ved ilden.
Die Anblicke und Geräusche dieser wilden Welt ließen ihm die Haare zu Berge stehen.
Synene og lydene fra den vilde verden fik ham til at rejse sig i hårene.
Das Fell stand ihm über den Rücken, die Schultern und den Hals hinauf.
Pelsen hævede sig langs hans ryg, hans skuldre og op ad hans hals.
Er wimmerte leise oder gab ein tiefes Knurren aus der Brust von sich.
Han klynkede sagte eller udstødte en lav knurren dybt i brystet.
Dann rief der Mischlingskoch: „Hey, du Buck, wach auf!"
Så råbte den halvblods kok: "Hey, din Buck, vågn op!"
Die Traumwelt verschwand und das wirkliche Leben kehrte in Bucks Augen zurück.
Drømmeverdenen forsvandt, og det virkelige liv vendte tilbage i Bucks øjne.
Er wollte aufstehen, sich strecken und gähnen, als wäre er aus einem Nickerchen erwacht.
Han ville til at stå op, strække sig og gabe, som om han var vækket fra en lur.
Die Reise war anstrengend, da sie den Postschlitten hinter sich herziehen mussten.
Turen var hård, med postslæden slæbende bag dem.
Schwere Lasten und harte Arbeit zermürbten die Hunde jeden langen Tag.
Tunge læs og hårdt arbejde slidte hundene op hver lange dag.
Sie kamen dünn und müde in Dawson an und brauchten über eine Woche Ruhe.

De nåede Dawson tynde, trætte og havde brug for over en uges hvile.
Doch nur zwei Tage später machten sie sich erneut auf den Weg den Yukon hinunter.
Men kun to dage senere begav de sig igen ned ad Yukon-floden.
Sie waren mit weiteren Briefen beladen, die für die Außenwelt bestimmt waren.
De var fyldt med flere breve på vej til omverdenen.
Die Hunde waren erschöpft und die Männer beschwerten sich ständig.
Hundene var udmattede, og mændene klagede konstant.
Jeden Tag fiel Schnee, der den Weg weicher machte und die Schlitten verlangsamte.
Sneen faldt hver dag, hvilket gjorde stien blødere og bremsede slæderne.
Dies führte zu einem stärkeren Ziehen und einem größeren Widerstand der Läufer.
Dette gjorde at løberne trak hårdere og fik mere modstand.
Trotzdem waren die Fahrer fair und kümmerten sich um ihre Teams.
På trods af det var chaufførerne fair og tog sig af deres hold.
Jeden Abend wurden die Hunde gefüttert, bevor die Männer etwas zu essen bekamen.
Hver aften blev hundene fodret, inden mændene fik mad.
Kein Mann geht schlafen, ohne vorher die Pfoten seines eigenen Hundes zu kontrollieren.
Ingen mand sover, før han tjekker sin egen hunds fødder.
Dennoch wurden die Hunde mit jeder zurückgelegten Strecke schwächer.
Alligevel blev hundene svagere, efterhånden som kilometerne blev slidt på deres kroppe.
Sie waren den ganzen Winter über zweitausendachthundert Kilometer gereist.
De havde rejst atten hundrede mil gennem vinteren.
Sie zogen Schlitten über jede Meile dieser brutalen Distanz.
De trak slæder over hver en kilometer af den brutale afstand.

Selbst die härtesten Schlittenhunde spüren nach so vielen Kilometern die Belastung.
Selv de sejeste slædehunde føler en belastning efter så mange kilometer.
Buck hielt durch, sorgte für die Weiterarbeit seines Teams und sorgte für die nötige Disziplin.
Buck holdt ud, holdt sit hold i gang og opretholdt disciplinen.
Aber Buck war müde, genau wie die anderen auf der langen Reise.
Men Buck var træt, ligesom de andre på den lange rejse.
Billee wimmerte und weinte jede Nacht ohne Ausnahme im Schlaf.
Billee klynkede og græd i søvne hver nat uden undtagelse.
Joe wurde noch verbitterter und Solleks blieb kalt und distanziert.
Joe blev endnu mere bitter, og Solleks forblev kold og fjern.
Doch Dave war derjenige des gesamten Teams, der am meisten darunter litt.
Men det var Dave, der led det værst af hele holdet.
Irgendetwas in seinem Inneren war schiefgelaufen, doch niemand wusste, was.
Noget var gået galt indeni ham, selvom ingen vidste hvad.
Er wurde launischer und fuhr andere mit wachsender Wut an.
Han blev mere humørsyg og snappede ad andre med voksende vrede.
Jede Nacht ging er direkt zu seinem Nest und wartete darauf, gefüttert zu werden.
Hver nat gik han direkte til sin rede og ventede på at blive fodret.
Als Dave einmal unten war, stand er bis zum Morgen nicht mehr auf.
Da han først var nede, stod Dave ikke op igen før om morgenen.
Plötzliche Rucke oder Anlaufe an den Zügeln ließen ihn vor Schmerzen aufschreien.

På tøjlerne fik pludselige ryk eller start ham til at skrige af smerte.
Sein Fahrer suchte nach der Ursache, konnte jedoch keine Verletzungen feststellen.
Hans chauffør ledte efter årsagen, men fandt ingen skader på ham.
Alle Fahrer beobachteten Dave und besprachen seinen Fall.
Alle chaufførerne begyndte at holde øje med Dave og diskuterede hans sag.
Sie unterhielten sich beim Essen und während ihrer letzten Zigarette des Tages.
De talte sammen ved måltiderne og under dagens sidste rygning.
Eines Nachts hielten sie eine Versammlung ab und brachten Dave zum Feuer.
En aften holdt de et møde og bragte Dave hen til ilden.
Sie drückten und untersuchten seinen Körper und er schrie oft.
De pressede og undersøgte hans krop, og han græd ofte.
Offensichtlich stimmte etwas nicht, auch wenn keine Knochen gebrochen zu sein schienen.
Der var tydeligvis noget galt, selvom ingen knogler syntes at være brækkede.
Als sie Cassiar Bar erreichten, war Dave am Umfallen.
Da de nåede Cassiar Bar, var Dave ved at falde om.
Der schottische Mischling machte Schluss und nahm Dave aus dem Team.
Den skotske halvblodsrace stoppede og fjernede Dave fra holdet.
Er befestigte Solleks an Daves Stelle, ganz vorne am Schlitten.
Han fastgjorde Solleks på Daves plads, tættest på slædens forende.
Er wollte Dave ausruhen und ihm die Freiheit geben, hinter dem fahrenden Schlitten herzulaufen.
Han havde til hensigt at lade Dave hvile sig og løbe frit bag den bevægelige slæde.

Doch selbst als er krank war, hasste Dave es, von seinem Job geholt zu werden.
Men selv da han var syg, hadede Dave at blive taget fra det job, han havde haft.
Er knurrte und wimmerte, als ihm die Zügel aus dem Körper gerissen wurden.
Han knurrede og klynkede, da tøjlerne blev trukket fra hans krop.
Als er Solleks an seiner Stelle sah, weinte er vor gebrochenem Herzen.
Da han så Solleks på sin plads, græd han af knust hjerte.
Dave war noch immer stolz auf seine Arbeit auf dem Weg, selbst als der Tod nahte.
Stoltheden over arbejdet på stierne sad dybt i Dave, selv da døden nærmede sig.
Während der Schlitten fuhr, kämpfte sich Dave durch den weichen Schnee in der Nähe des Pfades.
Mens slæden bevægede sig, famlede Dave gennem den bløde sne nær stien.
Er griff Solleks an, biss ihn und stieß ihn von der Seite des Schlittens.
Han angreb Solleks, bed og skubbede ham fra slædens side.
Dave versuchte, in das Geschirr zu springen und seinen Arbeitsplatz zurückzuerobern.
Dave forsøgte at hoppe i selen og generobre sin arbejdsplads.
Er schrie, jammerte und weinte, hin- und hergerissen zwischen Schmerz und Stolz auf die Wehen.
Han gøs, klynkede og græd, splittet mellem smerte og stolthed over arbejdet.
Der Mischling versuchte, Dave mit seiner Peitsche vom Team zu vertreiben.
Halvblodshunden brugte sin pisk til at forsøge at drive Dave væk fra holdet.
Doch Dave ignorierte den Hieb und der Mann konnte nicht härter zuschlagen.
Men Dave ignorerede piskeslaget, og manden kunne ikke slå ham hårdere.

Dave lehnte den einfacheren Weg hinter dem Schlitten ab, wo der Schnee festgefahren war.
Dave afviste den nemmere sti bag slæden, hvor sneen var pakket sammen.
Stattdessen kämpfte er sich elend durch den tiefen Schnee neben dem Weg.
I stedet kæmpede han i den dybe sne ved siden af stien, i elendighed.
Schließlich brach Dave zusammen, blieb im Schnee liegen und schrie vor Schmerzen.
Til sidst kollapsede Dave, liggende i sneen og hylede af smerte.
Er schrie auf, als die lange Schlittenkette einer nach dem anderen an ihm vorbeifuhr.
Han råbte højt, da det lange tog af slæder passerede ham en efter en.
Dennoch stand er mit der ihm verbleibenden Kraft auf und stolperte ihnen hinterher.
Alligevel rejste han sig med den styrke, der var tilbage, og snublede efter dem.
Als der Zug wieder anhielt, holte er ihn ein und fand seinen alten Schlitten.
Han indhentede ham, da toget stoppede igen, og fandt sin gamle slæde.
Er kämpfte sich an den anderen Teams vorbei und stand wieder neben Solleks.
Han famlede forbi de andre hold og stod igen ved siden af Solleks.
Als der Fahrer anhielt, um seine Pfeife anzuzünden, nutzte Dave seine letzte Chance.
Da chaufføren holdt pause for at tænde sin pibe, tog Dave sin sidste chance.
Als der Fahrer zurückkam und schrie, bewegte sich das Team nicht weiter.
Da chaufføren vendte tilbage og råbte, bevægede holdet sig ikke fremad.

Die Hunde hatten ihre Köpfe gedreht, verwirrt durch den plötzlichen Stopp.
Hundene havde vendt hovedet, forvirrede over den pludselige standsning.
Auch der Fahrer war schockiert – der Schlitten hatte sich keinen Zentimeter vorwärts bewegt.
Føreren var også chokeret – slæden var ikke rykket en tomme fremad.
Er rief den anderen zu, sie sollten kommen und nachsehen, was passiert sei.
Han råbte til de andre, at de skulle komme og se, hvad der var sket.
Dave hatte Solleks' Zügel durchgekaut und beide auseinandergerissen.
Dave havde tygget sig igennem Solleks' tøjler og brækket begge fra hinanden.
Nun stand er vor dem Schlitten, wieder an seinem rechtmäßigen Platz.
Nu stod han foran slæden, tilbage på sin rette plads.
Dave blickte zum Fahrer auf und flehte ihn stumm an, in der Spur zu bleiben.
Dave kiggede op på chaufføren og tryglede lydløst om at blive i sporene.
Der Fahrer war verwirrt und wusste nicht, was er für den zappelnden Hund tun sollte.
Føreren var forvirret og usikker på, hvad han skulle gøre med den kæmpende hund.
Die anderen Männer sprachen von Hunden, die beim Rausbringen gestorben waren.
De andre mænd talte om hunde, der var døde af at blive taget ud.
Sie erzählten von alten oder verletzten Hunden, denen es das Herz brach, als sie zurückgelassen wurden.
De fortalte om gamle eller tilskadekomne hunde, hvis hjerter knuste, når de blev efterladt.
Sie waren sich einig, dass es Gnade wäre, Dave sterben zu lassen, während er noch im Geschirr steckte.

De var enige om, at det var barmhjertighed at lade Dave dø, mens han stadig var i sin sele.
Er wurde wieder auf dem Schlitten festgeschnallt und Dave zog voller Stolz.
Han blev spændt tilbage på slæden, og Dave trak med stolthed.
Obwohl er manchmal schrie, arbeitete er, als könne man den Schmerz ignorieren.
Selvom han græd til tider, arbejdede han, som om smerte kunne ignoreres.
Mehr als einmal fiel er und wurde mitgeschleift, bevor er wieder aufstand.
Mere end én gang faldt han og blev slæbt med, før han rejste sig igen.
Einmal wurde er vom Schlitten überrollt und von diesem Moment an humpelte er.
Engang rullede slæden over ham, og han haltede fra det øjeblik.
Trotzdem arbeitete er, bis das Lager erreicht war, und legte sich dann ans Feuer.
Alligevel arbejdede han, indtil han nåede lejren, og lå derefter ved bålet.
Am Morgen war Dave zu schwach, um zu reisen oder auch nur aufrecht zu stehen.
Om morgenen var Dave for svag til at rejse eller endda stå oprejst.
Als es Zeit war, das Geschirr anzulegen, versuchte er mit zitternder Anstrengung, seinen Fahrer zu erreichen.
Da det var tid til at spænde bilen fast, forsøgte han med rystende anstrengelse at nå sin chauffør.
Er rappelte sich auf, taumelte und brach auf dem schneebedeckten Boden zusammen.
Han tvang sig op, vaklede og kollapsede ned på den snedækkede jord.
Mithilfe seiner Vorderbeine zog er seinen Körper in Richtung des Angeschirrs.

Ved hjælp af sine forben slæbte han sin krop hen mod seleområdet.
Zentimeter für Zentimeter schob er sich auf die Arbeitshunde zu.
Han slæbte sig frem, tomme for tomme, mod arbejdshundene.
Er verließ die Kraft, aber er machte mit seinem letzten verzweifelten Vorstoß weiter.
Hans kræfter slap op, men han fortsatte i sit sidste desperate skub.
Seine Teamkollegen sahen ihn im Schnee nach Luft schnappen und sich immer noch danach sehnen, zu ihnen zu kommen.
Hans holdkammerater så ham gispe i sneen, stadig længselsfuld efter at slutte sig til dem.
Sie hörten ihn vor Kummer schreien, als sie das Lager hinter sich ließen.
De hørte ham hyle af sorg, da de forlod lejren.
Als das Team zwischen den Bäumen verschwand, hallte Daves Schrei hinter ihnen wider.
Da holdet forsvandt ind i træerne, genlød Daves råb bag dem.
Der Schlittenzug hielt kurz an, nachdem er einen Abschnitt des Flusswalds überquert hatte.
Slædetoget stoppede kort efter at have krydset en strækning med flodtømmer.
Der schottische Mischling ging langsam zurück zum Lager dahinter.
Den skotske halvblodshund gik langsomt tilbage mod lejren bagved.
Die Männer verstummten, als sie ihn den Schlittenzug verlassen sahen.
Mændene holdt op med at tale, da de så ham forlade slædetoget.
Dann ertönte ein einzelner Schuss klar und scharf über den Weg.
Så lød et enkelt skud klart og skarpt hen over stien.
Der Mann kam schnell zurück und nahm wortlos seinen Platz ein.

Manden vendte hurtigt tilbage og indtog sin plads uden et ord.

Peitschen knallten, Glöckchen bimmelten und die Schlitten rollten durch den Schnee.

Piske klang, klokker klang, og slæderne rullede videre gennem sneen.

Aber Buck wusste, was passiert war – und alle anderen Hunde auch.

Men Buck vidste, hvad der var sket – og det gjorde alle andre hunde også.

Die Mühen der Zügel und des Trails
Tøjlernes og sporets slid

Dreißig Tage nach dem Verlassen von Dawson erreichte die Salt Water Mail Skaguay.
Tredive dage efter at have forladt Dawson, nåede Salt Water Mail Skaguay.
Buck und seine Teamkollegen gingen in Führung, kamen aber in einem erbärmlichen Zustand an.
Buck og hans holdkammerater tog føringen og ankom i ynkelig forfatning.
Buck hatte von hundertvierzig auf hundertfünfzehn Pfund abgenommen.
Buck var tabt sig fra hundrede og fyrre til hundrede og femten pund.
Die anderen Hunde hatten, obwohl kleiner, noch mehr Körpergewicht verloren.
De andre hunde, selvom de var mindre, havde tabt endnu mere kropsvægt.
Pike, einst ein vorgetäuschter Hinker, schleppte nun ein wirklich verletztes Bein hinter sich her.
Pike, engang en falsk limper, slæbte nu et virkelig skadet ben bag sig.
Solleks humpelte stark und Dub hatte ein verrenktes Schulterblatt.
Solleks haltede voldsomt, og Dub havde et forvredet skulderblad.
Die Füße aller Hunde im Team waren von den Wochen auf dem gefrorenen Pfad wund.
Alle hundene i holdet havde ondt i benene efter at have været på den frosne sti i flere uger.
Ihre Schritte waren völlig federnd und bewegten sich nur langsam und schleppend.
De havde ingen fjeder tilbage i deres skridt, kun langsom, slæbende bevægelse.
Ihre Füße treffen den Weg hart und jeder Schritt belastet ihren Körper stärker.

Deres fødder rammer stien hårdt, og hvert skridt belaster deres kroppe mere.

Sie waren nicht krank, sondern nur so erschöpft, dass sie sich auf natürliche Weise nicht mehr erholen konnten.

De var ikke syge, kun udmattede til uforudsigelig naturlig helbredelse.

Dies war nicht die Müdigkeit eines harten Tages, die durch eine Nachtruhe geheilt werden konnte.

Dette var ikke træthed fra én hård dag, kureret med en nats søvn.

Es war eine Erschöpfung, die sich durch monatelange, zermürbende Anstrengungen langsam aufgebaut hatte.

Det var en udmattelse, der langsomt var opbygget gennem måneders opslidende indsats.

Es waren keine Kraftreserven mehr vorhanden, sie hatten alles aufgebraucht, was sie hatten.

Der var ingen reservestyrke tilbage – de havde brugt alt, hvad de havde.

Jeder Muskel, jede Faser und jede Zelle ihres Körpers war erschöpft und abgenutzt.

Hver en muskel, fiber og celle i deres kroppe var udmattet og slidt op.

Und das hatte seinen Grund: Sie hatten zweitausendfünfhundert Meilen zurückgelegt.

Og der var en grund – de havde tilbagelagt 2500 mil.

Auf den letzten zweitausendachthundert Kilometern hatten sie sich nur fünf Tage ausgeruht.

De havde kun hvilet fem dage i løbet af de sidste atten hundrede mil.

Als sie Skaguay erreichten, sahen sie aus, als könnten sie kaum aufrecht stehen.

Da de nåede Skaguay, så de knap nok ud til at kunne stå oprejst.

Sie hatten Mühe, die Zügel straff zu halten und vor dem Schlitten zu bleiben.

De kæmpede med at holde tøjlerne stramme og holde sig foran slæden.

Auf abschüssigen Hängen konnten sie nur noch vermeiden, überfahren zu werden.
På nedkørsler undgik de kun at blive kørt over.
„Weiter, ihr armen, wunden Füße", sagte der Fahrer, während sie weiterhumpelten.
"Marchér videre, stakkels ømme fødder," sagde chaufføren, mens de haltede afsted.
„Das ist die letzte Strecke, danach bekommen wir alle auf jeden Fall noch eine lange Pause."
"Dette er den sidste strækning, så får vi alle helt sikkert en lang pause."
„Eine richtig lange Pause", versprach er und sah ihnen nach, wie sie weiter taumelten.
"Én rigtig lang hvil," lovede han, mens han så dem vakle fremad.
Die Fahrer rechneten damit, dass sie nun eine lange, notwendige Pause bekommen würden.
Chaufførerne forventede, at de nu ville få en lang, tiltrængt pause.
Sie hatten zweitausend Meilen zurückgelegt und nur zwei Tage Pause gemacht.
De havde rejst tolv hundrede mil med kun to dages hvile.
Sie waren der Meinung, dass sie sich die Zeit zum Entspannen verdient hätten, und das aus fairen und vernünftigen Gründen.
Af rimelighed og fornuft følte de, at de havde fortjent tid til at slappe af.
Aber zu viele waren zum Klondike gekommen und zu wenige waren zu Hause geblieben.
Men for mange var kommet til Klondike, og for få var blevet hjemme.
Es gingen unzählige Briefe von Familien ein, die zu Bergen verspäteter Post führten.
Breve fra familier strømmede ind og skabte bunker af forsinket post.
Offizielle Anweisungen trafen ein – neue Hudson Bay-Hunde würden die Nachfolge antreten.

De officielle ordrer ankom – nye hunde fra Hudson Bay skulle overtage.
Die erschöpften Hunde, die nun als wertlos galten, sollten entsorgt werden.
De udmattede hunde, nu kaldt værdiløse, skulle bortskaffes.
Da Geld wichtiger war als Hunde, sollten sie billig verkauft werden.
Da penge betød mere end hunde, skulle de sælges billigt.
Drei weitere Tage vergingen, bevor die Hunde spürten, wie schwach sie waren.
Der gik yderligere tre dage, før hundene mærkede, hvor svage de var.
Am vierten Morgen kauften zwei Männer aus den Staaten das gesamte Team.
På den fjerde morgen købte to mænd fra staterne hele holdet.
Der Verkauf umfasste alle Hunde sowie ihre abgenutzte Geschirrausrüstung.
Salget omfattede alle hundene plus deres slidte seletøj.
Die Männer nannten sich gegenseitig „Hal" und „Charles", als sie den Deal abschlossen.
Mændene kaldte hinanden "Hal" og "Charles", mens de fuldførte handlen.
Charles war mittleren Alters, blass, hatte schlaffe Lippen und wilde Schnurrbartspitzen.
Charles var midaldrende, bleg, med slappe læber og vilde overskægsspidser.
Hal war ein junger Mann, vielleicht neunzehn, der einen Patronengürtel trug.
Hal var en ung mand, måske nitten, iført et bælte fyldt med patroner.
Am Gürtel befanden sich ein großer Revolver und ein Jagdmesser, beide unbenutzt.
Bæltet indeholdt en stor revolver og en jagtkniv, begge ubrugte.
Es zeigte, wie unerfahren und ungeeignet er für das Leben im Norden war.
Det viste, hvor uerfaren og uegnet han var til livet i nord.

Keiner der beiden Männer gehörte in die Wildnis; ihre Anwesenheit widersprach jeder Vernunft.
Ingen af mændene hørte hjemme i naturen; deres tilstedeværelse trodsede al fornuft.
Buck beobachtete, wie das Geld zwischen Käufer und Makler den Besitzer wechselte.
Buck så til, mens penge udveksledes mellem køber og agent.
Er wusste, dass die Postzugführer sein Leben wie alle anderen verlassen würden.
Han vidste, at postlokomotivførerne forlod hans liv ligesom alle de andre.
Sie folgten Perrault und François, die nun unwiederbringlich verschwunden waren.
De fulgte Perrault og François, som nu var uigenkaldeligt gamle.
Buck und das Team wurden in das schlampige Lager ihrer neuen Besitzer geführt.
Buck og holdet blev ført til deres nye ejeres sjuskede lejr.
Das Zelt hing durch, das Geschirr war schmutzig und alles lag in Unordnung.
Teltet hang, servicet var beskidt, og alt lå i uorden.
Buck bemerkte dort auch eine Frau – Mercedes, Charles' Frau und Hals Schwester.
Buck bemærkede også en kvinde der – Mercedes, Charles' kone og Hals søster.
Sie bildeten eine vollständige Familie, obwohl sie alles andere als für den Wanderpfad geeignet waren.
De udgjorde en komplet familie, dog langt fra egnet til ruten.
Buck beobachtete nervös, wie das Trio begann, die Vorräte einzupacken.
Buck så nervøst til, mens trioen begyndte at pakke forsyningerne.
Sie arbeiteten hart, aber ohne Ordnung – nur Aufhebens und vergeudete Mühe.
De arbejdede hårdt, men uden orden – bare ståhej og spildt indsats.

Das Zelt war zu einer sperrigen Form zusammengerollt und viel zu groß für den Schlitten.
Teltet var rullet sammen til en klodset form, alt for stor til slæden.
Schmutziges Geschirr wurde eingepackt, ohne dass es gespült oder getrocknet worden wäre.
Beskidt service blev pakket uden at være blevet rengjort eller tørret overhovedet.
Mercedes flatterte herum, redete, korrigierte und mischte sich ständig ein.
Mercedes flagrede rundt, snakkede, rettede og blandede sig konstant.
Als ein Sack vorne platziert wurde, bestand sie darauf, dass er hinten drankam.
Da en sæk blev placeret på forsiden, insisterede hun på, at den skulle på bagsiden.
Sie packte den Sack ganz unten rein und im nächsten Moment brauchte sie ihn.
Hun pakkede sækken i bunden, og i næste øjeblik havde hun brug for den.
Also wurde der Schlitten erneut ausgepackt, um an die eine bestimmte Tasche zu gelangen.
Så blev slæden pakket ud igen for at nå den ene specifikke taske.
In der Nähe standen drei Männer vor einem Zelt und beobachteten die Szene.
I nærheden stod tre mænd uden for et telt og så på, hvad der skete.
Sie lächelten, zwinkerten und grinsten über die offensichtliche Verwirrung der Neuankömmlinge.
De smilede, blinkede og grinede ad de nyankomnes åbenlyse forvirring.
„Sie haben schon eine ziemlich schwere Last", sagte einer der Männer.
"Du har allerede en rigtig tung last," sagde en af mændene.
„Ich glaube nicht, dass Sie das Zelt tragen sollten, aber es ist Ihre Entscheidung."

"Jeg synes ikke, du skal bære det telt, men det er dit valg."

„Unvorstellbar!", rief Mercedes und warf verzweifelt die Hände in die Luft.

"Udrømt!" udbrød Mercedes og slog hænderne i vejret i fortvivlelse.

„Wie könnte ich ohne Zelt reisen, unter dem ich übernachten kann?"

"Hvordan skulle jeg dog kunne rejse uden et telt at overnatte i?"

„Es ist Frühling – Sie werden kein kaltes Wetter mehr erleben", antwortete der Mann.

"Det er forår – du får ikke koldt vejr at se igen," svarede manden.

Aber sie schüttelte den Kopf und sie stapelten weiterhin Gegenstände auf den Schlitten.

Men hun rystede på hovedet, og de blev ved med at stable genstande på slæden.

Als sie die letzten Dinge hinzufügten, türmte sich die Ladung gefährlich hoch auf.

Byrden tårnede sig faretruende højt, da de tilføjede de sidste ting.

„Glauben Sie, der Schlitten fährt?", fragte einer der Männer mit skeptischem Blick.

"Tror du, at slæden kan køre?" spurgte en af mændene med et skeptisk blik.

„Warum sollte es nicht?", blaffte Charles mit scharfer Verärgerung zurück.

„Hvorfor skulle det ikke?" svarede Charles skarpt irriteret.

„Oh, das ist schon in Ordnung", sagte der Mann schnell und wich seiner Beleidigung aus.

"Åh, det er i orden," sagde manden hurtigt og bakkede væk fra fornærmelsen.

„Ich habe mich nur gewundert – es sah für mich einfach ein bisschen zu kopflastig aus."

"Jeg var bare nysgerrig – den så bare lidt for tung ud for mig."

Charles drehte sich um und band die Ladung so gut fest, wie er konnte.

Charles vendte sig væk og bandt byrden fast så godt han kunne.

Allerdings waren die Zurrgurte locker und die Verpackung insgesamt schlecht ausgeführt.

Men surringerne var løse, og pakningen generelt dårligt udført.

„Klar, die Hunde machen das den ganzen Tag", sagte ein anderer Mann sarkastisch.

"Jo, hundene vil trække i den hele dagen," sagde en anden mand sarkastisk.

„Natürlich", antwortete Hal kalt und packte die lange Lenkstange des Schlittens.

"Selvfølgelig," svarede Hal koldt og greb fat i slædens lange gee-stang.

Mit einer Hand an der Stange schwang er mit der anderen die Peitsche.

Med den ene hånd på stangen svingede han pisken i den anden.

„Los geht's!", rief er. „Bewegt euch!", und trieb die Hunde zum Aufbruch an.

"Lad os gå!" råbte han. "Flyt dig!" og opfordrede hundene til at komme i gang.

Die Hunde lehnten sich in das Geschirr und spannten sich einige Augenblicke lang an.

Hundene lænede sig ind i selen og anstrengte sig i et par øjeblikke.

Dann blieben sie stehen, da sie den überladenen Schlitten keinen Zentimeter bewegen konnten.

Så stoppede de, ude af stand til at rokke den overlæssede slæde en centimeter.

„Diese faulen Bestien!", schrie Hal und hob die Peitsche, um sie zu schlagen.

"De dovne bøller!" råbte Hal og løftede pisken for at slå dem.

Doch Mercedes stürzte herein und riss Hal die Peitsche aus der Hand.

Men Mercedes skyndte sig ind og greb pisken fra Hals hænder.

„Oh, Hal, wage es ja nicht, ihnen wehzutun", rief sie alarmiert.

"Åh, Hal, du må ikke vove at gøre dem fortræd," råbte hun forskrækket.

„Versprich mir, dass du nett zu ihnen bist, sonst gehe ich keinen Schritt weiter."

"Lov mig, at du vil være god ved dem, ellers går jeg ikke et skridt videre."

„Du weißt nichts über Hunde", fuhr Hal seine Schwester an.

"Du ved ingenting om hunde," snerrede Hal ad sin søster.

„Sie sind faul, und die einzige Möglichkeit, sie zu bewegen, besteht darin, sie zu peitschen."

"De er dovne, og den eneste måde at flytte dem på er at piske dem."

„Fragen Sie irgendjemanden – fragen Sie einen dieser Männer dort drüben, wenn Sie mir nicht glauben."

"Spørg hvem som helst – spørg en af de mænd derovre, hvis du tvivler på mig."

Mercedes sah die Zuschauer mit flehenden, tränennassen Augen an.

Mercedes så på tilskuerne med bedende, tårevædede øjne.

Ihr Gesicht zeigte, wie sehr sie den Anblick jeglichen Schmerzes hasste.

Hendes ansigt viste, hvor dybt hun hadede synet af enhver form for smerte.

„Sie sind schwach, das ist alles", sagte ein Mann. „Sie sind erschöpft."

"De er svage, det er det hele," sagde en mand. "De er udmattede."

„Sie brauchen Ruhe – sie haben zu lange ohne Pause gearbeitet."

"De har brug for hvile – de har arbejdet for længe uden pause."

„Der Rest sei verflucht", murmelte Hal mit verzogenen Lippen.

"Forbandet være resten," mumlede Hal med sammenkrøllet læbe.

Mercedes schnappte nach Luft, sein grobes Wort schmerzte sie sichtlich.
Mercedes gispede, tydeligt forpint af hans grove ord.
Dennoch blieb sie loyal und verteidigte ihren Bruder sofort.
Alligevel forblev hun loyal og forsvarede straks sin bror.
„Kümmere dich nicht um den Mann", sagte sie zu Hal. „Das sind unsere Hunde."
"Du skal ikke bekymre dig om den mand," sagde hun til Hal. "De er vores hunde."
„Fahren Sie sie, wie Sie es für richtig halten – tun Sie, was Sie für richtig halten."
"Du kører dem, som du finder passende – gør, hvad du synes er rigtigt."
Hal hob die Peitsche und schlug die Hunde erneut gnadenlos.
Hal løftede pisken og slog hundene igen uden nåde.
Sie stürzten sich nach vorne, die Körper tief gebeugt, die Füße in den Schnee gedrückt.
De sprang fremad, med kroppe sænket ned, fødderne presset ned i sneen.
Sie gaben sich alle Mühe, den Schlitten zu ziehen, aber er bewegte sich nicht.
Al deres kraft gik i træk, men slæden bevægede sig ikke.
Der Schlitten blieb wie ein im Schnee festgefrorener Anker stecken.
Slæden sad fast, som et anker frosset fast i den pakket sne.
Nach einem zweiten Versuch blieben die Hunde wieder stehen und keuchten schwer.
Efter en anden indsats stoppede hundene igen, gispende.
Hal hob die Peitsche noch einmal, gerade als Mercedes erneut eingriff.
Hal løftede pisken endnu engang, lige da Mercedes blandede sig igen.
Sie fiel vor Buck auf die Knie und umarmte seinen Hals.
Hun faldt på knæ foran Buck og omfavnede hans hals.
Tränen traten ihr in die Augen, als sie den erschöpften Hund anflehte.

Tårer fyldte hendes øjne, mens hun tryglede den udmattede hund.

„Ihr Armen", sagte sie, „warum zieht ihr nicht einfach stärker?"

"I stakkels kære," sagde hun, "hvorfor trækker I ikke bare hårdere?"

„Wenn du ziehst, wirst du nicht so ausgepeitscht."

"Hvis du trækker, så bliver du ikke pisket sådan her."

Buck mochte Mercedes nicht, aber er war zu müde, um ihr jetzt zu widerstehen.

Buck kunne ikke lide Mercedes, men han var for træt til at modsætte sig hende nu.

Er akzeptierte ihre Tränen als einen weiteren Teil dieses elenden Tages.

Han accepterede hendes tårer som blot endnu en del af den elendige dag.

Einer der zuschauenden Männer ergriff schließlich das Wort, nachdem er seinen Ärger unterdrückt hatte.

En af de tilskuende mænd talte endelig efter at have holdt sin vrede tilbage.

„Es ist mir egal, was mit euch passiert, Leute, aber diese Hunde sind wichtig."

"Jeg er ligeglad med, hvad der sker med jer, men de hunde betyder noget."

„Wenn du helfen willst, mach den Schlitten los – er ist am Schnee festgefroren."

"Hvis du vil hjælpe, så bræk den slæde løs – den er frosset fast i sneen."

„Drücken Sie fest auf die Gee-Stange, rechts und links, und brechen Sie die Eisversiegelung."

"Tryk hårdt på isstangen, til højre og venstre, og bryd isforseglingen."

Ein dritter Versuch wurde unternommen, diesmal auf Vorschlag des Mannes.

Et tredje forsøg blev gjort, denne gang efter mandens forslag.

Hal schaukelte den Schlitten von einer Seite auf die andere und löste so die Kufen.

Hal rokkede slæden fra side til side, så mederne fik løs.
Obwohl der Schlitten überladen und unhandlich war, machte er schließlich einen Satz nach vorne.
Slæden, selvom den var overlæsset og klodset, bevægede sig endelig fremad.
Buck und die anderen zogen wild, angetrieben von einem Sturm aus Schleudertraumen.
Buck og de andre trak vildt tilbage, drevet af en storm af piskesmæld.
Hundert Meter weiter machte der Weg eine Biegung und führte in die Straße hinein.
Hundrede meter fremme snoede stien sig og skrånede ned i gaden.
Um den Schlitten aufrecht zu halten, hätte es eines erfahrenen Fahrers bedurft.
Det ville have krævet en dygtig kusk at holde slæden oprejst.
Hal war nicht geschickt und der Schlitten kippte, als er um die Kurve schwang.
Hal var ikke dygtig, og slæden vippede, da den svingede rundt om svinget.
Lose Zurrgurte gaben nach und die Hälfte der Ladung ergoss sich auf den Schnee.
Løse surringer gav efter, og halvdelen af lasten spildtes ud på sneen.
Die Hunde hielten nicht an; der leichtere Schlitten flog auf der Seite weiter.
Hundene stoppede ikke; den lettere slæde fløj afsted på siden.
Wütend über die Beschimpfungen und die schwere Last rannten die Hunde noch schneller.
Vrede over mishandling og den tunge byrde løb hundene hurtigere.
Buck rannte wütend los und das Team folgte ihm.
Buck, i raseri, begyndte at løb, med holdet i hælene.
Hal rief „Whoa! Whoa!", aber das Team beachtete ihn nicht.
Hal råbte "Whoa! Whoa!" men holdet lagde ikke mærke til ham.

Er stolperte, fiel und wurde am Geschirr über den Boden geschleift.
Han snublede, faldt og blev slæbt hen over jorden af selen.
Der umgekippte Schlitten wurde über ihn geworfen, als die Hunde weiterrasten.
Den væltede slæde stødte ind over ham, mens hundene løb videre.
Die restlichen Vorräte verteilten sich über die belebte Straße von Skaguay.
Resten af forsyningerne spredte sig over Skaguays travle gade.
Gutherzige Menschen eilten herbei, um die Hunde anzuhalten und die Ausrüstung einzusammeln.
Venlige mennesker skyndte sig at stoppe hundene og samle udstyret.
Sie gaben den neuen Reisenden auch direkte und praktische Ratschläge.
De gav også råd, direkte og praktiske, til de nye rejsende.
„Wenn Sie Dawson erreichen wollen, nehmen Sie die halbe Ladung und die doppelte Anzahl an Hunden mit."
"Hvis du vil nå Dawson, så tag halvdelen af læsset og fordobl antallet af hunde."
Hal, Charles und Mercedes hörten zu, wenn auch nicht mit Begeisterung.
Hal, Charles og Mercedes lyttede, dog ikke med entusiasme.
Sie bauten ihr Zelt auf und begannen, ihre Vorräte zu sortieren.
De slog deres telt op og begyndte at sortere deres forsyninger.
Heraus kamen Konserven, die die Zuschauer laut lachen ließen.
Ud kom dåsevarer, hvilket fik tilskuerne til at grine højt.
„Konserven auf dem Weg? Bevor die schmelzen, verhungern Sie", sagte einer.
"Dåsesager på stien? Du kommer til at sulte, før det smelter," sagde en af dem.
„Hoteldecken? Die wirfst du am besten alle weg."
"Hoteltæpper? Du er bedre tjent med at smide dem alle ud."

„Schmeißen Sie auch das Zelt weg, und hier spült niemand mehr Geschirr."
"Smid også teltet væk, og så vasker ingen op her."
„Sie glauben, Sie fahren in einem Pullman-Zug mit Bediensteten an Bord?"
"Tror du, du kører med et Pullman-tog med tjenere om bord?"
Der Prozess begann – jeder nutzlose Gegenstand wurde beiseite geworfen.
Processen begyndte – alle ubrugelige genstande blev smidt til side.
Mercedes weinte, als ihre Taschen auf den schneebedeckten Boden geleert wurden.
Mercedes græd, da hendes tasker blev tømt ud på den snedækkede jord.
Sie schluchzte ohne Pause über jeden einzelnen hinausgeworfenen Gegenstand.
Hun hulkede over hver eneste genstand, der blev smidt ud, en efter en, uden pause.
Sie schwor, keinen Schritt weiterzugehen – nicht einmal für zehn Charleses.
Hun svor ikke at gå et skridt mere – ikke engang for ti Karle.
Sie flehte alle Menschen in ihrer Nähe an, ihr ihre wertvollen Sachen zu überlassen.
Hun tryglede alle i nærheden om at lade hende beholde sine dyrebare ting.
Schließlich wischte sie sich die Augen und begann, auch die wichtigsten Kleidungsstücke wegzuwerfen.
Endelig tørrede hun øjnene og begyndte at kaste selv det vigtigste tøj.
Als sie mit ihrem eigenen fertig war, begann sie, die Vorräte der Männer auszuräumen.
Da hun var færdig med sine egne, begyndte hun at tømme mændenes forsyninger.
Wie ein Wirbelwind verwüstete sie die Habseligkeiten von Charles und Hal.
Som en hvirvelvind rev hun sig igennem Charles og Hals ejendele.

Obwohl die Ladung halbiert wurde, war sie immer noch viel schwerer als nötig.
Selvom belastningen blev halveret, var den stadig langt tungere end nødvendigt.
In dieser Nacht gingen Charles und Hal los und kauften sechs neue Hunde.
Den aften gik Charles og Hal ud og købte seks nye hunde.
Diese neuen Hunde gesellten sich zu den ursprünglichen sechs, plus Teek und Koona.
Disse nye hunde sluttede sig til de oprindelige seks, plus Teek og Koona.
Zusammen bildeten sie ein Gespann aus vierzehn Hunden, die vor den Schlitten gespannt wurden.
Sammen udgjorde de et spand på fjorten hunde spændt for slæden.
Doch die neuen Hunde waren für die Schlittenarbeit ungeeignet und schlecht ausgebildet.
Men de nye hunde var uegnede og dårligt trænede til slædearbejde.
Drei der Hunde waren kurzhaarige Vorstehhunde und einer war ein Neufundländer.
Tre af hundene var korthårede pointere, og en var en newfoundlænder.
Bei den letzten beiden Hunden handelte es sich um Mischlinge ohne eindeutige Rasse oder Zweckbestimmung.
De to sidste hunde var mutts uden nogen klar race eller formål overhovedet.
Sie haben den Weg nicht verstanden und ihn nicht schnell gelernt.
De forstod ikke ruten, og de lærte den ikke hurtigt.
Buck und seine Kameraden beobachteten sie mit Verachtung und tiefer Verärgerung.
Buck og hans venner så på dem med hån og dyb irritation.
Obwohl Buck ihnen beibrachte, was sie nicht tun sollten, konnte er ihnen keine Pflicht beibringen.
Selvom Buck lærte dem, hvad de ikke skulle gøre, kunne han ikke lære dem pligt.

Sie kamen mit dem Leben auf dem Wanderpfad und dem Ziehen von Zügeln und Schlitten nicht gut zurecht.
De trivedes ikke med livet på vandrestier eller trækket i tøjler og slæder.
Nur die Mischlinge versuchten, sich anzupassen, und selbst ihnen fehlte der Kampfgeist.
Kun blandingsdyrene forsøgte at tilpasse sig, og selv de manglede kampgejst.
Die anderen Hunde waren durch ihr neues Leben verwirrt, geschwächt und gebrochen.
De andre hunde var forvirrede, svækkede og knuste af deres nye liv.
Da die neuen Hunde ahnungslos und die alten erschöpft waren, gab es kaum Hoffnung.
Med de nye hunde uvidende og de gamle udmattede, var håbet tyndt.
Bucks Team hatte zweitausendfünfhundert Meilen eines rauen Pfades zurückgelegt.
Bucks hold havde tilbagelagt 2500 kilometer ujævn sti.
Dennoch waren die beiden Männer fröhlich und stolz auf ihr großes Hundegespann.
Alligevel var de to mænd muntre og stolte af deres store hundespand.
Sie dachten, sie würden mit Stil reisen, mit vierzehn Hunden an der Leine.
De troede, de rejste med stil, med fjorten hunde spændt.
Sie hatten gesehen, wie Schlitten nach Dawson aufbrachen und andere von dort ankamen.
De havde set slæder afgå til Dawson, og andre ankomme derfra.
Aber noch nie hatten sie eins gesehen, das von bis zu vierzehn Hunden gezogen wurde.
Men aldrig havde de set en trukket af så mange som fjorten hunde.
Es gab einen Grund, warum solche Teams in der arktischen Wildnis selten waren.

Der var en grund til, at sådanne hold var sjældne i den arktiske vildmark.

Kein Schlitten konnte genug Futter transportieren, um vierzehn Hunde für die Reise zu versorgen.

Ingen slæde kunne bære nok mad til at brødføde fjorten hunde på turen.

Aber Charles und Hal wussten das nicht – sie hatten nachgerechnet.

Men det vidste Charles og Hal ikke – de havde regnet det ud.

Sie haben das Futter berechnet: so viel pro Hund, so viele Tage, fertig.

De skrev maden ned med blyant: så meget pr. hund, så mange dage, færdig.

Mercedes betrachtete ihre Zahlen und nickte, als ob es Sinn machte.

Mercedes kiggede på deres tal og nikkede, som om det gav mening.

Zumindest auf dem Papier erschien ihr alles sehr einfach.

Det virkede alt sammen meget simpelt for hende, i hvert fald på papiret.

Am nächsten Morgen führte Buck das Team langsam die verschneite Straße hinauf.

Næste morgen førte Buck langsomt holdet op ad den snedækkede gade.

Weder er noch die Hunde hinter ihm hatten Energie oder Tatendrang.

Der var ingen energi eller gejst i ham eller hundene bag ham.

Sie waren von Anfang an todmüde, es waren keine Reserven mehr vorhanden.

De var dødtrætte fra starten – der var ingen reserve tilbage.

Buck hatte bereits vier Fahrten zwischen Salt Water und Dawson unternommen.

Buck havde allerede foretaget fire ture mellem Salt Water og Dawson.

Als er nun erneut vor derselben Spur stand, empfand er nichts als Bitterkeit.

Nu, konfronteret med det samme spor igen, følte han intet andet end bitterhed.

Er war nicht mit dem Herzen dabei und die anderen Hunde auch nicht.

Hans hjerte var ikke med i det, og det var de andre hundes hjerter heller ikke.

Die neuen Hunde waren schüchtern und den Huskys fehlte jegliches Vertrauen.

De nye hunde var sky, og huskyerne manglede al tillid.

Buck spürte, dass er sich auf diese beiden Männer oder ihre Schwester nicht verlassen konnte.

Buck fornemmede, at han ikke kunne stole på disse to mænd eller deres søster.

Sie wussten nichts und zeigten auf dem Weg keine Anzeichen, etwas zu lernen.

De vidste ingenting og viste ingen tegn på at lære undervejs.

Sie waren unorganisiert und es fehlte ihnen jeglicher Sinn für Disziplin.

De var uorganiserede og manglede enhver form for disciplin.

Sie brauchten jedes Mal die halbe Nacht, um ein schlampiges Lager aufzubauen.

Det tog dem en halv nat at slå en sjusket lejr op hver gang.

Und den halben nächsten Morgen verbrachten sie wieder damit, am Schlitten herumzufummeln.

Og halvdelen af den næste morgen tilbragte de med at fumle med slæden igen.

Gegen Mittag hielten sie oft nur an, um die ungleichmäßige Beladung zu korrigieren.

Ved middagstid stoppede de ofte bare for at ordne den ujævne last.

An manchen Tagen legten sie insgesamt weniger als sechzehn Kilometer zurück.

På nogle dage rejste de mindre end ti kilometer i alt.

An anderen Tagen schafften sie es überhaupt nicht, das Lager zu verlassen.

Andre dage lykkedes det dem slet ikke at forlade lejren.

Sie kamen nie auch nur annähernd an die geplante Nahrungsdistanz heran.
De kom aldrig i nærheden af at tilbagelægge den planlagte afstand mellem fødevarer.
Wie erwartet ging das Futter für die Hunde sehr schnell aus.
Som forventet løb de meget hurtigt tør for mad til hundene.
Sie haben die Sache noch schlimmer gemacht, indem sie in den ersten Tagen zu viel gefüttert haben.
De forværrede tingene ved at overfodre i de tidlige dage.
Mit jeder unvorsichtigen Ration rückte der Hungertod näher.
Dette bragte sulten nærmere med hver skødesløs rationering.
Die neuen Hunde hatten nicht gelernt, mit sehr wenig zu überleben.
De nye hunde havde ikke lært at overleve på meget lidt.
Sie aßen hungrig, ihr Appetit war zu groß für den Weg.
De spiste sultne, med en appetit der var for stor til ruten.
Als Hal sah, wie die Hunde schwächer wurden, glaubte er, dass das Futter nicht ausreichte.
Da Hal så hundene blive svagere, mente han, at maden ikke var nok.
Er verdoppelte die Rationen und verschlimmerte damit den Fehler noch.
Han fordoblede rationerne, hvilket gjorde fejlen endnu værre.
Mercedes verschärfte das Problem mit Tränen und leisem Flehen.
Mercedes forværrede problemet med tårer og sagte bønfaldelser.
Als sie Hal nicht überzeugen konnte, fütterte sie die Hunde heimlich.
Da hun ikke kunne overbevise Hal, fodrede hun hundene i hemmelighed.
Sie stahl den Fisch aus den Säcken und gab ihn ihnen hinter seinem Rücken.
Hun stjal fra fiskesækkene og gav det til dem bag hans ryg.
Doch was die Hunde wirklich brauchten, war nicht mehr Futter, sondern Ruhe.

Men det hundene virkelig havde brug for, var ikke mere mad
– det var hvile.
Sie kamen nur langsam voran, aber der schwere Schlitten schleppte sich trotzdem weiter.
De havde dårlig tid, men den tunge slæde slæbte stadig ud.
Allein dieses Gewicht zehrte jeden Tag an ihrer verbleibenden Kraft.
Alene den vægt drænede deres resterende styrke hver dag.
Dann kam es zur Phase der Unterernährung, da die Vorräte zur Neige gingen.
Så kom stadiet med underfodring, da forsyningerne slap op.
Eines Morgens stellte Hal fest, dass die Hälfte des Hundefutters bereits weg war.
En morgen indså Hal, at halvdelen af hundefoderet allerede var væk.
Sie hatten nur ein Viertel der gesamten Wegstrecke zurückgelegt.
De havde kun tilbagelagt en fjerdedel af den samlede distance på ruten.
Es konnten keine Lebensmittel mehr gekauft werden, egal zu welchem Preis.
Der kunne ikke købes mere mad, uanset hvilken pris der blev tilbudt.
Er reduzierte die Portionen der Hunde unter die normale Tagesration.
Han reducerede hundenes portioner til under den daglige standardration.
Gleichzeitig forderte er längere Reisemöglichkeiten, um die Verluste auszugleichen.
Samtidig krævede han længere rejsetid for at kompensere for tabet.
Mercedes und Charles unterstützten diesen Plan, scheiterten jedoch bei der Umsetzung.
Mercedes og Charles støttede denne plan, men den mislykkedes i udførelsen.
Ihr schwerer Schlitten und ihre mangelnden Fähigkeiten machten ein Vorankommen nahezu unmöglich.

Deres tunge slæde og mangel på færdigheder gjorde fremskridt næsten umuligt.

Es war einfach, weniger Futter zu geben, aber unmöglich, mehr Anstrengung zu erzwingen.

Det var nemt at give mindre mad, men umuligt at tvinge frem mere.

Sie konnten weder früher anfangen, noch konnten sie Überstunden machen.

De kunne ikke starte tidligt, og de kunne heller ikke rejse i ekstra timer.

Sie wussten nicht, wie sie mit den Hunden und überhaupt mit sich selbst arbeiten sollten.

De vidste ikke, hvordan man skulle arbejde med hundene, og heller ikke sig selv for den sags skyld.

Der erste Hund, der starb, war Dub, der unglückliche, aber fleißige Dieb.

Den første hund, der døde, var Dub, den uheldige, men hårdtarbejdende tyv.

Obwohl Dub oft bestraft wurde, leistete er ohne zu klagen seinen Beitrag.

Selvom Dub ofte blev straffet, havde han klaret sin del uden at klage.

Seine Schulterverletzung verschlimmerte sich ohne Pflege und nötige Ruhe.

Hans skadede skulder blev værre uden pleje eller behov for hvile.

Schließlich beendete Hal mit dem Revolver Dubs Leiden.

Endelig brugte Hal revolveren til at afslutte Dubs lidelse.

Ein gängiges Sprichwort besagt, dass normale Hunde an der Husky-Ration sterben.

Et almindeligt ordsprog hævdede, at normale hunde dør af husky-rationer.

Bucks sechs neue Gefährten bekamen nur die Hälfte des Futteranteils des Huskys.

Bucks seks nye ledsagere fik kun halvdelen af huskyens andel af mad.

Zuerst starb der Neufundländer, dann die drei kurzhaarigen Vorstehhunde.
Newfoundlænderen døde først, derefter de tre korthårede pointerhunde.
Die beiden Mischlinge hielten länger durch, kamen aber schließlich wie die anderen um.
De to blandingsdyr holdt ud længere, men omkom til sidst ligesom de andre.
Zu diesem Zeitpunkt waren alle Annehmlichkeiten und die Sanftheit des Südens verschwunden.
På dette tidspunkt var alle Sydlandets bekvemmeligheder og blidhed væk.
Die drei Menschen hatten die letzten Spuren ihrer zivilisierten Erziehung abgelegt.
De tre mennesker havde lagt de sidste spor af deres civiliserede opvækst fra sig.
Ohne Glamour und Romantik wurde das Reisen in die Arktis zur brutalen Realität.
Strippet for glamour og romantik blev arktiske rejser brutalt virkelige.
Es war eine Realität, die zu hart für ihr Männlichkeits- und Weiblichkeitsgefühl war.
Det var en virkelighed, der var for hård for deres sans for mandighed og kvindelighed.
Mercedes weinte nicht mehr um die Hunde, sondern nur noch um sich selbst.
Mercedes græd ikke længere over hundene, men nu kun over sig selv.
Sie verbrachte ihre Zeit damit, zu weinen und mit Hal und Charles zu streiten.
Hun brugte sin tid på at græde og skændes med Hal og Charles.
Streiten war das Einzige, wozu sie nie zu müde waren.
At skændes var det eneste, de aldrig var for trætte til at gøre.
Ihre Gereiztheit rührte vom Elend her, wuchs mit ihm und übertraf es.

Deres irritabilitet kom fra elendighed, voksede med den og overgik den.

Die Geduld des Weges, die diejenigen kennen, die sich abmühen und freundlich leiden, kam nie.

Stiens tålmodighed, kendt af dem, der slider og lider venligt, kom aldrig.

Diese Geduld, die die Sprache trotz Schmerzen süß hält, war ihnen unbekannt.

Den tålmodighed, som holder talen sød gennem smerte, var ukendt for dem.

Sie besaßen nicht die geringste Spur von Geduld und schöpften keine Kraft aus dem anmutigen Leiden.

De havde ingen antydning af tålmodighed, ingen styrke hentet fra lidelse med nåde.

Sie waren steif vor Schmerz – ihre Muskeln, Knochen und ihr Herz schmerzten.

De var stive af smerter – de havde smerter i muskler, knogler og hjerter.

Aus diesem Grund bekamen sie eine scharfe Zunge und waren schnell im Umgang mit harten Worten.

På grund af dette blev de skarpe i tungen og hurtige til hårde ord.

Jeder Tag begann und endete mit wütenden Stimmen und bitteren Klagen.

Hver dag begyndte og sluttede med vrede stemmer og bitre klager.

Charles und Hal stritten sich, wann immer Mercedes ihnen eine Chance gab.

Charles og Hal skændtes, hver gang Mercedes gav dem en chance.

Jeder Mann glaubte, dass er mehr als seinen gerechten Anteil an der Arbeit geleistet hatte.

Hver mand mente, at han udførte mere end sin rimelige andel af arbejdet.

Keiner von beiden ließ es sich je entgehen, dies immer wieder zu sagen.

Ingen af dem gik nogensinde glip af en chance for at sige det igen og igen.
Manchmal stand Mercedes auf der Seite von Charles, manchmal auf der Seite von Hal.
Nogle gange tog Mercedes parti for Charles, andre gange for Hal.
Dies führte zu einem großen und endlosen Streit zwischen den dreien.
Dette førte til et stort og endeløst skænderi mellem de tre.
Ein Streit darüber, wer Brennholz hacken sollte, geriet außer Kontrolle.
En strid om, hvem der skulle hugge brænde, voksede ud af kontrol.
Bald wurden Väter, Mütter, Cousins und verstorbene Verwandte genannt.
Snart blev fædre, mødre, fætre og kusiner og afdøde slægtninge navngivet.
Hal's Ansichten über Kunst oder die Theaterstücke seines Onkels wurden Teil des Kampfes.
Hals synspunkter på kunst eller hans onkels skuespil blev en del af kampen.
Auch Charles' politische Überzeugungen wurden in die Debatte einbezogen.
Charles' politiske overbevisninger kom også ind i debatten.
Für Mercedes schienen sogar die Gerüchte über die Schwester ihres Mannes relevant zu sein.
For Mercedes virkede selv hendes mands søsters sladder relevant.
Sie äußerte ihre Meinung dazu und zu vielen Fehlern in Charles' Familie.
Hun luftede meninger om det og om mange af Charles' families fejl.
Während sie stritten, blieb das Feuer aus und das Lager war halb fertig.
Mens de skændtes, forblev bålet slukket, og lejren var halvt optændt.

In der Zwischenzeit waren die Hunde unterkühlt und hatten nichts zu fressen.
I mellemtiden forblev hundene kolde og uden mad.
Mercedes hegte einen Groll, den sie als zutiefst persönlich betrachtete.
Mercedes havde en klage, hun anså for at være dybt personlig.
Sie fühlte sich als Frau misshandelt und fühlte sich ihrer Privilegien beraubt.
Hun følte sig mishandlet som kvinde, nægtet sine blide privilegier.
Sie war hübsch und sanft und pflegte ihr ganzes Leben lang ritterliche Gesten.
Hun var smuk og blød, og hun var vant til ridderlighed hele sit liv.
Doch ihr Mann und ihr Bruder begegneten ihr nun mit Ungeduld.
Men hendes mand og bror behandlede hende nu med utålmodighed.
Sie hatte die Angewohnheit, sich hilflos zu verhalten, und sie begannen, sich zu beschweren.
Hendes vane var at opføre sig hjælpeløst, og de begyndte at klage.
Sie war davon beleidigt und machte ihnen das Leben noch schwerer.
Fornærmet over dette gjorde hun deres liv endnu vanskeligere.
Sie ignorierte die Hunde und bestand darauf, den Schlitten selbst zu fahren.
Hun ignorerede hundene og insisterede på at køre på slæden selv.
Obwohl sie von leichter Gestalt war, wog sie fünfundvierzig Kilo.
Selvom hun var let af udseende, vejede hun 45 kg.
Diese zusätzliche Belastung war zu viel für die hungernden, schwachen Hunde.
Den ekstra byrde var for meget for de sultende, svage hunde.

Trotzdem ritt sie tagelang, bis die Hunde in den Zügeln zusammenbrachen.
Alligevel red hun i dagevis, indtil hundene kollapsede i tøjlerne.
Der Schlitten stand still und Charles und Hal baten sie, zu laufen.
Slæden stod stille, og Charles og Hal tryglede hende om at gå.
Sie flehten und flehten, aber sie weinte und nannte sie grausam.
De tryglede og tryglede, men hun græd og kaldte dem grusomme.
Einmal zogen sie sie mit purer Kraft und Wut vom Schlitten.
Ved en lejlighed trak de hende af slæden med ren kraft og vrede.
Nach dem, was damals passiert ist, haben sie es nie wieder versucht.
De prøvede aldrig igen efter det, der skete dengang.
Sie wurde schlaff wie ein verwöhntes Kind und setzte sich in den Schnee.
Hun haltede som et forkælet barn og satte sig i sneen.
Sie gingen weiter, aber sie weigerte sich aufzustehen oder ihnen zu folgen.
De gik videre, men hun nægtede at rejse sig eller følge efter.
Nach drei Meilen hielten sie an, kehrten um und trugen sie zurück.
Efter tre kilometer stoppede de, vendte tilbage og bar hende tilbage.
Sie luden sie wieder auf den Schlitten, wobei sie erneut rohe Gewalt anwandten.
De lastede hende igen på slæden, igen med rå styrke.
In ihrem tiefen Elend zeigten sie gegenüber dem Leid der Hunde keine Skrupel.
I deres dybe elendighed var de ufølsomme over for hundenes lidelse.
Hal glaubte, man müsse sich abhärten und zwang anderen diesen Glauben auf.

Hal mente, at man skal forhærdes, og påtvang andre den overbevisning.

Er versuchte zunächst, seiner Schwester seine Philosophie zu predigen

Han forsøgte først at prædike sin filosofi til sin søster

und dann predigte er erfolglos seinem Schwager.

og så prædikede han uden held for sin svoger.

Bei den Hunden hatte er mehr Erfolg, aber nur, weil er ihnen weh tat.

Han havde mere succes med hundene, men kun fordi han gjorde dem fortræd.

Bei Five Fingers ist das Hundefutter komplett ausgegangen.

Hos Five Fingers løb hundefoderet helt tør for mad.

Eine zahnlose alte Squaw verkaufte ein paar Pfund gefrorenes Pferdeleder

En tandløs gammel squat solgte et par pund frossen hesteskind

Hal tauschte seinen Revolver gegen das getrocknete Pferdefell.

Hal byttede sin revolver for det tørrede hesteskind.

Das Fleisch stammte von den Pferden der Viehzüchter, die Monate zuvor verhungert waren.

Kødet var kommet fra udsultede heste eller kvægavlere måneder tidligere.

Gefroren war die Haut wie verzinktes Eisen: zäh und ungenießbar.

Frossen var huden som galvaniseret jern; sej og uspiselig.

Die Hunde mussten endlos auf dem Fell herumkauen, um es zu fressen.

Hundene måtte tygge uendeligt på skindet for at spise det.

Doch die ledrigen Fäden und das kurze Haar waren kaum Nahrung.

Men de læderagtige strenge og det korte hår var næppe næring.

Das Fell war größtenteils irritierend und kein echtes Nahrungsmittel.

Det meste af huden var irriterende, og ikke mad i nogen egentlig forstand.

Und während all dem taumelte Buck vorne herum, wie in einem Albtraum.

Og gennem det hele vaklede Buck forrest, som i et mareridt.

Er zog, wenn er dazu in der Lage war; wenn nicht, blieb er liegen, bis er mit einer Peitsche oder einem Knüppel hochgehoben wurde.

Han trak, når han kunne; når han ikke kunne, lå han, indtil pisk eller kølle løftede ham.

Sein feines, glänzendes Fell hatte jegliche Steifheit und jeglichen Glanz verloren, den es einst hatte.

Hans fine, skinnende pels havde mistet al den stivhed og glans, den engang havde.

Sein Haar hing schlaff herunter, war zerzaust und mit getrocknetem Blut von den Schlägen verklebt.

Hans hår hang slapt, slæbt og klumpet af indtørret blod fra slagene.

Seine Muskeln schrumpften zu Sehnen und seine Fleischpolster waren völlig abgenutzt.

Hans muskler skrumpede ind til strenge, og hans kødpuder var alle slidt væk.

Jede Rippe, jeder Knochen war deutlich durch die Falten der runzligen Haut zu sehen.

Hvert ribben, hver knogle viste sig tydeligt gennem folder af rynket hud.

Es war herzzerreißend, doch Bucks Herz konnte nicht brechen.

Det var hjerteskærende, men Bucks hjerte kunne ikke knuses.

Der Mann im roten Pullover hatte das getestet und vor langer Zeit bewiesen.

Manden i den røde sweater havde testet det og bevist det for længe siden.

So wie es bei Buck war, war es auch bei allen seinen übrigen Teamkollegen.

Som det var med Buck, sådan var det også med alle hans resterende holdkammerater.

Insgesamt waren es sieben, jeder einzelne ein wandelndes Skelett des Elends.
Der var syv i alt, hver af dem et vandrende skelet af elendighed.
Sie waren gegenüber den Peitschenhieben taub geworden und spürten nur noch entfernten Schmerz.
De var blevet følelsesløse til at piske og følte kun fjern smerte.
Sogar Bild und Ton erreichten sie nur schwach, wie durch dichten Nebel.
Selv syn og lyd nåede dem svagt, som gennem en tæt tåge.
Sie waren nicht halb lebendig – es waren Knochen mit schwachen Funken darin.
De var ikke halvt levende – de var knogler med svage gnister indeni.
Als sie angehalten wurden, brachen sie wie Leichen zusammen, ihre Funken waren fast erloschen.
Da de stoppede, kollapsede de som lig, deres gnister næsten ude.
Und als die Peitsche oder der Knüppel erneut zuschlug, sprühten schwache Funken.
Og når pisken eller køllen slog igen, blafrede gnisterne svagt.
Dann erhoben sie sich, taumelten vorwärts und schleiften ihre Gliedmaßen vor sich her.
Så rejste de sig, vaklede fremad og slæbte deres lemmer frem.
Eines Tages stürzte der nette Billee und konnte überhaupt nicht mehr aufstehen.
En dag faldt den venlige Billee og kunne slet ikke rejse sig længere.
Hal hatte seinen Revolver eingetauscht und benutzte stattdessen eine Axt, um Billee zu töten.
Hal havde byttet sin revolver, så han brugte en økse til at dræbe Billee i stedet.
Er schlug ihm auf den Kopf, schnitt dann seinen Körper los und schleifte ihn weg.
Han slog ham i hovedet, skar derefter hans krop fri og slæbte den væk.

Buck sah dies und die anderen auch; sie wussten, dass der Tod nahe war.
Buck så dette, og det gjorde de andre også; de vidste, at døden var nær.
Am nächsten Tag ging Koona und ließ nur fünf Hunde im hungernden Team zurück.
Næste dag tog Koona afsted og efterlod kun fem hunde i det sultende hold.
Joe war nicht länger gemein, sondern zu weit weg, um überhaupt noch viel mitzubekommen.
Joe, der ikke længere var ond, var for langt væk til overhovedet at være opmærksom på ret meget.
Pike täuschte seine Verletzung nicht länger vor und war kaum bei Bewusstsein.
Pike, der ikke længere foregav sin skade, var knap nok ved bevidsthed.
Solleks, der immer noch treu war, beklagte, dass er nicht mehr die Kraft hatte, etwas zu geben.
Solleks, stadig trofast, sørgede over, at han ikke havde nogen styrke at give.
Teek wurde am häufigsten geschlagen, weil er frischer war, aber schnell nachließ.
Teek blev mest slået fordi han var friskere, men falmede hurtigt.
Und Buck, der immer noch in Führung lag, sorgte nicht länger für Ordnung und setzte sie auch nicht durch.
Og Buck, der stadig var i føringen, holdt ikke længere orden eller håndhævede den.
Halb blind vor Schwäche folgte Buck der Spur nur nach Gefühl.
Halvblind af svaghed fulgte Buck sporet alene ved at føle.
Es war schönes Frühlingswetter, aber keiner von ihnen bemerkte es.
Det var smukt forårsvejr, men ingen af dem bemærkede det.
Jeden Tag ging die Sonne früher auf und später unter als zuvor.
Hver dag stod solen op tidligere og gik ned senere end før.

Um drei Uhr morgens dämmerte es, die Dämmerung dauerte bis neun Uhr.
Klokken tre om morgenen var det daggry, og tusmørket varede til klokken ni.
Die langen Tage waren erfüllt von der vollen Strahlkraft des Frühlingssonnenscheins.
De lange dage var fyldt med det fulde strålende forårssolskin.
Die gespenstische Stille des Winters hatte sich in ein warmes Murmeln verwandelt.
Vinterens spøgelsesagtige stilhed var forvandlet til en varm mumlen.
Das ganze Land erwachte und war erfüllt von der Freude am Leben.
Hele landet vågnede, levende med glæden ved levende ting.
Das Geräusch kam von etwas, das den Winter über tot und reglos dagelegen hatte.
Lyden kom fra det, der havde ligget dødt og stille gennem vinteren.
Jetzt bewegten sich diese Dinger wieder und schüttelten den langen Frostschlaf ab.
Nu bevægede disse ting sig igen og rystede den lange frostsøvn af sig.
Saft stieg durch die dunklen Stämme der wartenden Kiefern.
Saften steg op gennem de mørke stammer af de ventende fyrretræer.
An jedem Zweig von Weiden und Espen treiben leuchtende junge Knospen aus.
Piletræer og asper springer klare, unge knopper ud på hver kvist.
Sträucher und Weinreben erstrahlten in frischem Grün, als der Wald zum Leben erwachte.
Buske og vinstokke fik frisk grønt, da skoven vågnede til live.
Nachts zirpten Grillen und in der Sonne krabbelten Käfer.
Fårekyllinger kvidrede om natten, og insekter kravlede i dagslysets sol.

Rebhühner dröhnten und Spechte klopften tief in den Bäumen.
Agerhønsene buldrede, og spætter bankede dybt oppe i træerne.
Eichhörnchen schnatterten, Vögel sangen und Gänse schnatterten über den Hunden.
Ekorner snakkede, fugle sang, og gæs dyttede over hundene.
Das Wildgeflügel kam in scharfen Keilen und flog aus dem Süden heran.
Vildfuglene kom i skarpe flokke, fløjende op fra syd.
Von jedem Hügel ertönte die Musik verborgener, rauschender Bäche.
Fra hver bjergskråning kom musikken fra skjulte, brusende vandløb.
Alles taute auf, brach, bog sich und geriet wieder in Bewegung.
Alt tøede op og knækkede, bøjede sig og brød tilbage i bevægelse.
Der Yukon bemühte sich, die Kälteketten des gefrorenen Eises zu durchbrechen.
Yukon anstrengte sig for at bryde den frosne is' kolde kæder.
Das Eis schmolz von unten, während die Sonne es von oben zum Schmelzen brachte.
Isen smeltede nedenunder, mens solen smeltede den ovenfra.
Luftlöcher öffneten sich, Risse breiteten sich aus und Brocken fielen in den Fluss.
Lufthuller åbnede sig, revner spredte sig, og klumper faldt i floden.
Inmitten dieses pulsierenden und lodernden Lebens taumelten die Reisenden.
Midt i alt dette sprudlende og flammende liv vaklede de rejsende.
Zwei Männer, eine Frau und ein Rudel Huskys liefen wie die Toten.
To mænd, en kvinde og en flok huskyer gik som døde.
Die Hunde fielen, Mercedes weinte, fuhr aber immer noch Schlitten.

Hundene faldt, Mercedes græd, men kørte stadig på slæden.
Hal fluchte schwach und Charles blinzelte mit tränenden Augen.
Hal bandede svagt, og Charles blinkede med løbende øjne.
Sie stolperten in John Thorntons Lager an der Mündung des White River.
De snublede ind i John Thorntons lejr ved White Rivers udmunding.
Als sie anhielten, fielen die Hunde flach um, als wären sie alle tot.
Da de stoppede, faldt hundene flade, som om de alle var døde.
Mercedes wischte sich die Tränen ab und sah zu John Thornton hinüber.
Mercedes tørrede sine tårer og kiggede over på John Thornton.
Charles saß langsam und steif auf einem Baumstamm, mit Schmerzen vom Weg.
Charles sad langsomt og stift på en træstamme, ondt i maven efter stien.
Hal redete, während Thornton das Ende eines Axtstiels schnitzte.
Hal talte, mens Thornton skar enden af et økseskaft ud.
Er schnitzte Birkenholz und antwortete mit kurzen, bestimmten Antworten.
Han sliber birketræ og svarede med korte, bestemte svar.
Wenn man ihn fragte, gab er Ratschläge, war sich jedoch sicher, dass diese nicht befolgt würden.
Da han blev spurgt, gav han et råd, sikker på at det ikke ville blive fulgt.
Hal erklärte: „Sie sagten uns, dass das Eis auf dem Weg schmelzen würde."
Hal forklarede: "De fortalte os, at isen på stien var ved at falde væk."
„Sie sagten, wir sollten bleiben, wo wir waren – aber wir haben es bis nach White River geschafft."
"De sagde, at vi skulle blive her – men vi nåede White River."

Er schloss mit höhnischem Ton, als wolle er einen Sieg in der Not für sich beanspruchen.
Han sluttede med en hånlig tone, som for at gøre krav på sejr i trængsler.
„Und sie haben dir die Wahrheit gesagt", antwortete John Thornton Hal ruhig.
"Og de fortalte dig sandheden," svarede John Thornton stille til Hal.
„Das Eis kann jeden Moment nachgeben – es ist kurz davor, abzufallen."
"Isen kan give efter når som helst – den er lige ved at falde af."
„Nur durch blindes Glück und ein paar Narren wäre es möglich gewesen, lebend so weit zu kommen."
"Kun blind held og tåber kunne have nået så langt i live."
„Ich sage es Ihnen ganz offen: Ich würde mein Leben nicht für alles Gold Alaskas riskieren."
"Jeg siger dig ærligt, jeg ville ikke risikere mit liv for alt Alaskas guld."
„Das liegt wohl daran, dass Sie kein Narr sind", antwortete Hal.
"Det er vel fordi, du ikke er en tåbe," svarede Hal.
„Trotzdem fahren wir weiter nach Dawson." Er rollte seine Peitsche ab.
"Alligevel går vi videre til Dawson." Han rullede sin pisk ud.
„Komm rauf, Buck! Hallo! Steh auf! Los!", rief er barsch.
"Kom op, Buck! Hej! Kom op! Kom så!" råbte han hårdt.
Thornton schnitzte weiter, wohl wissend, dass Narren nicht auf Vernunft hören.
Thornton blev ved med at sniffe, vel vidende at tåber ikke vil høre fornuft.
Einen Narren aufzuhalten war sinnlos – und zwei oder drei Narren änderten nichts.
At stoppe en tåbe var nytteløst – og to eller tre narrede ændrede ingenting.
Doch als das Team Hal's Befehl hörte, bewegte es sich nicht.
Men holdet bevægede sig ikke ved lyden af Hals kommando.

Jetzt konnten sie nur noch durch Schläge wieder auf die Beine kommen und weiterkommen.
På nuværende tidspunkt kunne kun slag få dem til at rejse sig og trække sig fremad.
Immer wieder knallte die Peitsche über die geschwächten Hunde.
Pisken knaldede igen og igen hen over de svækkede hunde.
John Thornton presste die Lippen fest zusammen und sah schweigend zu.
John Thornton pressede læberne tæt og så i stilhed.
Solleks war der Erste, der unter der Peitsche auf die Beine kam.
Solleks var den første, der kravlede op på benene under pisken.
Dann folgte Teek zitternd. Joe schrie auf, als er stolperte.
Så fulgte Teek efter, rystende. Joe gøede, da han snublede op.
Pike versuchte aufzustehen, scheiterte zweimal und stand schließlich unsicher da.
Pike forsøgte at rejse sig, men fejlede to gange, og stod til sidst ustabelt op.
Aber Buck blieb liegen, wo er hingefallen war, und bewegte sich dieses Mal überhaupt nicht.
Men Buck lå, hvor han var faldet, og bevægede sig slet ikke denne gang.
Die Peitsche schlug immer wieder auf ihn ein, aber er gab keinen Laut von sich.
Pisken slog ham igen og igen, men han sagde ingen lyd.
Er zuckte nicht zusammen und wehrte sich nicht, sondern blieb einfach still und ruhig.
Han hverken veg tilbage eller gjorde modstand, men forblev bare stille og rolig.
Thornton rührte sich mehr als einmal, als wolle er etwas sagen, tat es aber nicht.
Thornton rørte sig mere end én gang, som for at tale, men gjorde det ikke.
Seine Augen wurden feucht und immer noch knallte die Peitsche gegen Buck.

Hans øjne blev våde, og pisken knaldede stadig mod Buck.
Schließlich begann Thornton langsam auf und ab zu gehen, unsicher, was er tun sollte.
Endelig begyndte Thornton at gå langsomt frem og tilbage, usikker på, hvad han skulle gøre.
Es war das erste Mal, dass Buck versagt hatte, und Hal wurde wütend.
Det var første gang Buck havde fejlet, og Hal blev rasende.
Er warf die Peitsche weg und nahm stattdessen die schwere Keule.
Han kastede pisken fra sig og samlede i stedet den tunge kølle op.
Der Holzknüppel schlug hart auf, aber Buck stand immer noch nicht auf, um sich zu bewegen.
Trækøllen faldt hårdt ned, men Buck rejste sig stadig ikke for at røre sig.
Wie seine Teamkollegen war er zu schwach – aber mehr als das.
Ligesom sine holdkammerater var han for svag – men mere end det.
Buck hatte beschlossen, sich nicht zu bewegen, egal was als Nächstes passieren würde.
Buck havde besluttet sig for ikke at flytte sig, uanset hvad der skete derefter.
Er spürte, wie etwas Dunkles und Bestimmtes direkt vor ihm schwebte.
Han følte noget mørkt og sikkert svæve lige forude.
Diese Angst hatte ihn ergriffen, sobald er das Flussufer erreicht hatte.
Den frygt havde grebet ham, så snart han nåede flodbredden.
Dieses Gefühl hatte ihn nicht verlassen, seit er das Eis unter seinen Pfoten dünner werden fühlte.
Følelsen havde ikke forladt ham, siden han havde mærket isen blive tynd under sine poter.
Etwas Schreckliches wartete – er spürte es gleich weiter unten auf dem Weg.

Noget forfærdeligt ventede – han mærkede det lige nede ad stien.

Er würde nicht auf das Schreckliche vor ihm zugehen
Han ville ikke gå mod den forfærdelige ting forude.

Er würde keinem Befehl gehorchen, der ihn zu diesem Ding führte.
Han ville ikke adlyde nogen kommando, der førte ham til den ting.

Der Schmerz der Schläge war für ihn kaum noch spürbar, er war zu weit weg.
Smerten fra slagene rørte ham knap nok nu – han var for langt væk.

Der Funke des Lebens flackerte schwach und erlosch unter jedem grausamen Schlag.
Livsgnisten blafrede lavt, dæmpet under hvert grusomme slag.

Seine Glieder fühlten sich fremd an, sein ganzer Körper schien einem anderen zu gehören.
Hans lemmer føltes fjerne; hele hans krop syntes at tilhøre en anden.

Er spürte eine seltsame Taubheit, als der Schmerz vollständig nachließ.
Han følte en mærkelig følelsesløshed, da smerten forsvandt helt.

Aus der Ferne spürte er, dass er geschlagen wurde, aber er wusste es kaum.
På afstand fornemmede han, at han blev slået, men vidste det knap nok.

Er konnte die Schläge schwach hören, aber sie taten nicht mehr wirklich weh.
Han kunne svagt høre dunkene, men de gjorde ikke længere rigtig ondt.

Die Schläge trafen, aber sein Körper schien nicht mehr sein eigener zu sein.
Slagene landede, men hans krop føltes ikke længere som hans egen.

Dann stieß John Thornton plötzlich und ohne Vorwarnung einen wilden Schrei aus.
Så pludselig, uden varsel, udstødte John Thornton et vildt skrig.
Es war unartikuliert, eher der Schrei eines Tieres als eines Menschen.
Det var uartikuleret, mere et dyrs end et menneskes skrig.
Er sprang mit der Keule auf den Mann zu und stieß Hal nach hinten.
Han sprang mod manden med køllen og slog Hal bagover.
Hal flog, als wäre er von einem Baum getroffen worden, und landete hart auf dem Boden.
Hal fløj, som om han var blevet ramt af et træ, og landede hårdt på jorden.
Mercedes schrie laut vor Panik und umklammerte ihr Gesicht.
Mercedes skreg højt i panik og klamrede sig til hendes ansigt.
Charles sah nur zu, wischte sich die Augen und blieb sitzen.
Charles så bare til, tørrede øjnene og blev siddende.
Sein Körper war vor Schmerzen zu steif, um aufzustehen oder beim Kampf mitzuhelfen.
Hans krop var for stiv af smerter til at rejse sig eller hjælpe til i kampen.
Thornton stand über Buck, zitterte vor Wut und konnte nicht sprechen.
Thornton stod over Buck, rystende af raseri, ude af stand til at tale.
Er zitterte vor Wut und kämpfte darum, trotz allem seine Stimme wiederzufinden.
Han rystede af raseri og kæmpede for at finde sin stemme igennem det.
„Wenn du den Hund noch einmal schlägst, bringe ich dich um", sagte er schließlich.
"Hvis du slår den hund igen, slår jeg dig ihjel," sagde han endelig.
Hal wischte sich das Blut aus dem Mund und kam wieder nach vorne.

Hal tørrede blodet af munden og kom frem igen.

„Es ist mein Hund", murmelte er. „Geh mir aus dem Weg, sonst kriege ich dich wieder in Ordnung."

"Det er min hund," mumlede han. "Kom væk, ellers ordner jeg dig."

„Ich gehe nach Dawson und Sie halten mich nicht auf", fügte er hinzu.

"Jeg tager til Dawson, og du stopper mig ikke," tilføjede han.

Thornton stand fest zwischen Buck und dem wütenden jungen Mann.

Thornton stod fast mellem Buck og den vrede unge mand.

Er hatte nicht die Absicht, zur Seite zu treten oder Hal vorbeizulassen.

Han havde ingen intentioner om at træde til side eller lade Hal gå forbi.

Hal zog sein Jagdmesser heraus, das lang und gefährlich in der Hand lag.

Hal trak sin jagtkniv frem, lang og farlig i hånden.

Mercedes schrie, dann weinte sie und lachte dann in wilder Hysterie.

Mercedes skreg, så græd, så lo hun i vild hysteri.

Thornton schlug mit dem Axtstiel hart und schnell auf Hals Hand.

Thornton slog Hals hånd med sit økseskaft, hårdt og hurtigt.

Das Messer wurde aus Hals Griff gerissen und flog zu Boden.

Kniven blev slået løs fra Hals greb og fløj til jorden.

Hal versuchte, das Messer aufzuheben, und Thornton klopfte erneut auf seine Fingerknöchel.

Hal prøvede at samle kniven op, og Thornton bankede igen på knoerne.

Dann bückte sich Thornton, griff nach dem Messer und hielt es fest.

Så bøjede Thornton sig ned, greb kniven og holdt den.

Mit zwei schnellen Hieben des Axtstiels zerschnitt er Bucks Zügel.

Med to hurtige hug med økseskaftet huggede han Bucks tøjler over.

Hal hatte keine Kraft mehr, sich zu wehren, und trat von dem Hund zurück.
Hal havde ingen kamp tilbage i sig og trådte tilbage fra hunden.

Außerdem brauchte Mercedes jetzt beide Arme, um aufrecht zu bleiben.
Desuden havde Mercedes brug for begge arme nu for at holde sig oprejst.

Buck war dem Tod zu nahe, um noch einmal einen Schlitten ziehen zu können.
Buck var for døden nær til at kunne bruges til at trække en slæde igen.

Ein paar Minuten später legten sie ab und fuhren flussabwärts.
Få minutter senere kørte de ud og satte kursen ned ad floden.

Buck hob schwach den Kopf und sah ihnen nach, wie sie die Bank verließen.
Buck løftede svagt hovedet og så dem forlade banken.

Pike führte das Team an, mit Solleks am Ende des Feldes.
Pike førte holdet, med Solleks bagerst i rattet.

Joe und Teek gingen dazwischen, beide humpelten vor Erschöpfung.
Joe og Teek gik imellem, begge haltende af udmattelse.

Mercedes saß auf dem Schlitten und Hal hielt die lange Lenkstange fest.
Mercedes satte sig på slæden, og Hal greb fat i den lange geestang.

Charles stolperte hinterher, seine Schritte waren unbeholfen und unsicher.
Charles snublede bagved, hans skridt klodsede og usikre.

Thornton kniete neben Buck und tastete vorsichtig nach gebrochenen Knochen.
Thornton knælede ved siden af Buck og følte forsigtigt efter brækkede knogler.

Seine Hände waren rau, bewegten sich aber mit Freundlichkeit und Sorgfalt.
Hans hænder var ru, men bevægede sig med venlighed og omhu.
Bucks Körper wies Blutergüsse auf, wies jedoch keine bleibenden Verletzungen auf.
Bucks krop var forslået, men viste ingen varige skader.
Zurück blieben schrecklicher Hunger und nahezu völlige Schwäche.
Tilbage var en frygtelig sult og en næsten total svaghed.
Als dies klar wurde, war der Schlitten bereits weit flussabwärts gefahren.
Da dette var klart, var slæden kørt langt ned ad floden.
Mann und Hund sahen zu, wie der Schlitten langsam über das knackende Eis kroch.
Mand og hund så slæden langsomt kravle hen over den revnede is.
Dann sahen sie, wie der Schlitten in eine Mulde sank.
Så så de slæden synke ned i en fordybning.
Die Gee-Stange flog in die Höhe, und Hal klammerte sich immer noch vergeblich daran fest.
Gee-stangen fløj op, og Hal klamrede sig stadig forgæves til den.
Mercedes' Schrei erreichte sie über die kalte Ferne.
Mercedes' skrig nåede dem over den kolde afstand.
Charles drehte sich um und trat zurück – aber er war zu spät.
Charles vendte sig og trådte tilbage – men han var for sent ude.
Eine ganze Eisdecke brach nach und sie alle fielen hindurch.
En hel iskappe gav efter, og de faldt alle sammen igennem.
Hunde, Schlitten und Menschen verschwanden im schwarzen Wasser darunter.
Hunde, slæde og mennesker forsvandt i det sorte vand nedenfor.
An der Stelle, an der sie vorbeigekommen waren, war nur ein breites Loch im Eis zurückgeblieben.
Kun et bredt hul i isen var tilbage, hvor de var passeret.

Der Boden des Pfades war nach unten abgesunken – genau wie Thornton gewarnt hatte.
Stiens bund var faldet ud – præcis som Thornton advarede om.
Thornton und Buck sahen sich einen Moment lang schweigend an.
Thornton og Buck så tavse på hinanden et øjeblik.
„Du armer Teufel", sagte Thornton leise und Buck leckte ihm die Hand.
"Din stakkels djævel," sagde Thornton sagte, og Buck slikkede sin hånd.

Aus Liebe zu einem Mann
Af kærlighed til en mand

John Thornton erfror in der Kälte des vergangenen Dezembers seine Füße.
John Thornton frøs fødderne i kulden i den foregående december.
Seine Partner machten es ihm bequem und ließen ihn allein genesen.
Hans partnere sørgede for, at han havde det behageligt og lod ham komme sig alene.
Sie fuhren den Fluss hinauf, um ein Floß mit Sägestämmen für Dawson zu holen.
De gik op ad floden for at samle en tømmerflåde savtømmer til Dawson.
Er humpelte noch leicht, als er Buck vor dem Tod rettete.
Han haltede stadig lidt, da han reddede Buck fra døden.
Aber bei anhaltend warmem Wetter verschwand sogar dieses Hinken.
Men med det fortsatte varme vejr forsvandt selv den halten.
Buck ruhte sich an langen Frühlingstagen am Flussufer aus.
Buck hvilede sig ved flodbredden i de lange forårsdage.
Er beobachtete das fließende Wasser und lauschte den Vögeln und Insekten.
Han betragtede det strømmende vand og lyttede til fugle og insekter.
Langsam erlangte Buck unter Sonne und Himmel seine Kraft zurück.
Langsomt genvandt Buck sine kræfter under solen og himlen.
Nach einer Reise von dreitausend Meilen war eine Pause ein wunderbares Gefühl.
En hvile føltes vidunderlig efter at have rejst tre tusinde kilometer.
Buck wurde träge, als seine Wunden heilten und sein Körper an Gewicht zunahm.
Buck blev doven, efterhånden som hans sår helede, og hans krop fyldtes op.

Seine Muskeln wurden fester und das Fleisch bedeckte wieder seine Knochen.
Hans muskler blev faste, og kødet dækkede knoglerne igen.
Sie ruhten sich alle aus – Buck, Thornton, Skeet und Nig.
De hvilede sig alle – Buck, Thornton, Skeet og Nig.
Sie warteten auf das Floß, das sie nach Dawson bringen sollte.
De ventede på tømmerflåden, der skulle fragte dem ned til Dawson.
Skeet war ein kleiner Irish Setter, der sich mit Buck anfreundete.
Skeet var en lille irsk setter, der blev venner med Buck.
Buck war zu schwach und krank, um ihr bei ihrem ersten Treffen Widerstand zu leisten.
Buck var for svag og syg til at modstå hende ved deres første møde.
Skeet hatte die Heilereigenschaft, die manche Hunde von Natur aus besitzen.
Skeet havde den helbredende egenskab, som nogle hunde naturligt besidder.
Wie eine Katzenmutter leckte und reinigte sie Bucks offene Wunden.
Som en morkat slikkede og rensede hun Bucks rå sår.
Jeden Morgen nach dem Frühstück wiederholte sie ihre sorgfältige Arbeit.
Hver morgen efter morgenmaden gentog hun sit omhyggelige arbejde.
Buck erwartete ihre Hilfe ebenso sehr wie die von Thornton.
Buck kom til at forvente hendes hjælp lige så meget, som han forventede Thorntons.
Nig war auch freundlich, aber weniger offen und weniger liebevoll.
Nig var også venlig, men mindre åben og mindre kærlig.
Nig war ein großer schwarzer Hund, halb Bluthund, halb Hirschhund.
Nig var en stor sort hund, delvist blodhund og delvist hjortehund.

Er hatte lachende Augen und eine unendlich gute Seele.
Han havde leende øjne og en uendelig godhed i sin ånd.
Zu Bucks Überraschung zeigte keiner der Hunde Eifersucht ihm gegenüber.
Til Bucks overraskelse viste ingen af hundene jalousi over for ham.
Sowohl Skeet als auch Nig erfuhren die Freundlichkeit von John Thornton.
Både Skeet og Nig delte John Thorntons venlighed.
Als Buck stärker wurde, verleiteten sie ihn zu albernen Hundespielen.
Efterhånden som Buck blev stærkere, lokkede de ham med i tåbelige hundelege.
Auch Thornton spielte oft mit ihnen und konnte ihrer Freude nicht widerstehen.
Thornton legede også ofte med dem, ude af stand til at modstå deres glæde.
Auf diese spielerische Weise gelang Buck der Übergang von der Krankheit in ein neues Leben.
På denne legende måde bevægede Buck sig fra sygdom til et nyt liv.
Endlich hatte er Liebe gefunden – wahre, brennende und leidenschaftliche Liebe.
Kærligheden – ægte, brændende og lidenskabelig kærlighed – var endelig hans.
Auf Millers Anwesen hatte er diese Art von Liebe nie erlebt.
Han havde aldrig kendt denne form for kærlighed på Millers ejendom.
Mit den Söhnen des Richters hatte er Arbeit und Abenteuer geteilt.
Med dommerens sønner havde han delt arbejde og eventyr.
Bei den Enkeln sah er steifen und prahlerischen Stolz.
Hos børnebørnene så han stiv og pralende stolthed.
Mit Richter Miller selbst verband ihn eine respektvolle Freundschaft.
Med dommer Miller selv havde han et respektfuldt venskab.

Doch mit Thornton kam eine Liebe, die Feuer, Wahnsinn und Anbetung war.
Men kærlighed, der var ild, vanvid og tilbedelse, kom med Thornton.
Dieser Mann hatte Bucks Leben gerettet, und das allein bedeutete sehr viel.
Denne mand havde reddet Bucks liv, og alene det betød meget.
Aber darüber hinaus war John Thornton der ideale Meistertyp.
Men mere end det, var John Thornton den ideelle slags mester.
Andere Männer kümmerten sich aus Pflichtgefühl oder geschäftlicher Notwendigkeit um Hunde.
Andre mænd passede hunde af pligt eller forretningsmæssig nødvendighed.
John Thornton kümmerte sich um seine Hunde, als wären sie seine Kinder.
John Thornton passede på sine hunde, som var de hans børn.
Er kümmerte sich um sie, weil er sie liebte und einfach nicht anders konnte.
Han holdt af dem, fordi han elskede dem og simpelthen ikke kunne lade være.
John Thornton sah sogar weiter, als die meisten Menschen jemals sehen konnten.
John Thornton så endnu længere end de fleste mænd nogensinde formåede at se.
Er vergaß nie, sie freundlich zu grüßen oder ein aufmunterndes Wort zu sagen.
Han glemte aldrig at hilse venligt på dem eller sige et opmuntrende ord.
Er liebte es, mit den Hunden zusammenzusitzen und lange zu reden, oder, wie er sagte, „gasy".
Han elskede at sidde ned med hundene til lange samtaler, eller "gassy", som han sagde.
Er packte Bucks Kopf gern grob zwischen seinen starken Händen.

Han kunne lide at gribe Bucks hoved hårdt mellem sine stærke hænder.

Dann lehnte er seinen Kopf an Bucks und schüttelte ihn sanft.

Så hvilede han sit hoved mod Bucks og rystede ham forsigtigt.

Die ganze Zeit über beschimpfte er Buck mit unhöflichen Namen, die für ihn Liebe bedeuteten.

Hele tiden kaldte han Buck uhøflige navne, der betød kærlighed for Buck.

Buck bereiteten diese grobe Umarmung und diese Worte große Freude.

For Buck bragte den hårde omfavnelse og de ord dyb glæde.

Sein Herz schien bei jeder Bewegung vor Glück zu beben.

Hans hjerte syntes at dirre løs af lykke ved hver bevægelse.

Als er anschließend aufsprang, sah sein Mund aus, als würde er lachen.

Da han sprang op bagefter, så det ud, som om hans mund lo.

Seine Augen leuchteten hell und seine Kehle zitterte vor unausgesprochener Freude.

Hans øjne strålede klart, og hans hals dirrede af uudtalt glæde.

Sein Lächeln blieb in diesem Zustand der Ergriffenheit und glühenden Zuneigung stehen.

Hans smil stod stille i den tilstand af følelser og glødende hengivenhed.

Dann rief Thornton nachdenklich aus: „Gott! Er kann fast sprechen!"

Så udbrød Thornton eftertænksomt: "Gud! han kan næsten tale!"

Buck hatte eine seltsame Art, Liebe auszudrücken, die beinahe Schmerzen verursachte.

Buck havde en mærkelig måde at udtrykke kærlighed på, der næsten forårsagede smerte.

Er umklammerte Thorntons Hand oft sehr fest mit seinen Zähnen.

Han greb ofte Thorntons hånd meget hårdt mellem tænderne.

Der Biss würde tiefe Spuren hinterlassen, die noch einige Zeit blieben.
Biddet ville efterlade dybe mærker, der blev i nogen tid efter.
Buck glaubte, dass diese Eide Liebe waren, und Thornton wusste das auch.
Buck troede, at disse eder var kærlighed, og Thornton vidste det samme.
Meistens zeigte sich Bucks Liebe in stiller, fast stummer Verehrung.
Bucks kærlighed viste sig oftest i stille, næsten tavs tilbedelse.
Obwohl er sich freute, wenn man ihn berührte oder ansprach, suchte er nicht nach Aufmerksamkeit.
Selvom han blev begejstret, når han blev berørt eller talt til, søgte han ikke opmærksomhed.
Skeet schob ihre Nase unter Thorntons Hand, bis er sie streichelte.
Skeet puffede sin snude under Thorntons hånd, indtil han kælede med hende.
Nig kam leise herbei und legte seinen großen Kopf auf Thorntons Knie.
Nig gik stille hen og hvilede sit store hoved på Thorntons knæ.
Buck hingegen war zufrieden damit, aus respektvoller Distanz zu lieben.
Buck var derimod tilfreds med at elske fra en respektfuld afstand.
Er lag stundenlang zu Thorntons Füßen, wachsam und aufmerksam beobachtend.
Han lå i timevis ved Thorntons fødder, årvågen og observerende.
Buck studierte jedes Detail des Gesichts seines Herrn und jede kleinste Bewegung.
Buck studerede hver eneste detalje af sin herres ansigt og mindste bevægelse.
Oder er blieb weiter weg liegen und betrachtete schweigend die Gestalt des Mannes.

Eller løj længere væk og studerede mandens skikkelse i stilhed.

Buck beobachtete jede kleine Bewegung, jede Veränderung seiner Haltung oder Geste.

Buck iagttog hver lille bevægelse, hvert skift i kropsholdning eller gestus.

Diese Verbindung war so stark, dass sie Thorntons Blick oft auf sich zog.

Denne forbindelse var så stærk, at den ofte fangede Thorntons blik.

Er begegnete Bucks Blick ohne Worte, Liebe schimmerte deutlich hindurch.

Han mødte Bucks øjne uden ord, kærligheden skinnede klart igennem.

Nach seiner Rettung ließ Buck Thornton lange Zeit nicht aus den Augen.

I lang tid efter at være blevet reddet, lod Buck aldrig Thornton ud af syne.

Immer wenn Thornton das Zelt verließ, folgte Buck ihm dicht auf den Fersen.

Hver gang Thornton forlod teltet, fulgte Buck ham tæt udenfor.

All die strengen Herren im Nordland hatten Buck Angst gemacht, zu vertrauen.

Alle de barske herrer i Nordlandet havde gjort Buck bange for at stole på ham.

Er befürchtete, dass kein Mann länger als kurze Zeit sein Herr bleiben könnte.

Han frygtede, at ingen mand kunne forblive hans herre i mere end en kort tid.

Er befürchtete, dass John Thornton wie Perrault und François verschwinden würde.

Han frygtede, at John Thornton ville forsvinde ligesom Perrault og François.

Sogar nachts quälte die Angst, ihn zu verlieren, Buck mit unruhigem Schlaf.

Selv om natten hjemsøgte frygten for at miste ham Bucks urolige søvn.

Als Buck aufwachte, kroch er in die Kälte hinaus und ging zum Zelt.

Da Buck vågnede, krøb han ud i kulden og gik hen til teltet.

Er lauschte aufmerksam auf das leise Geräusch des Atmens in seinem Inneren.

Han lyttede opmærksomt efter den bløde lyd af vejrtrækning indeni.

Trotz Bucks tiefer Liebe zu John Thornton blieb die Wildnis am Leben.

Trods Bucks dybe kærlighed til John Thornton, forblev vildmarken i live.

Dieser im Norden erwachte primitive Instinkt ist nicht verschwunden.

Det primitive instinkt, der var vækket i Norden, forsvandt ikke.

Liebe brachte Hingabe, Treue und die warme Verbundenheit des Kaminfeuers.

Kærlighed bragte hengivenhed, loyalitet og ildens varme bånd.

Aber Buck behielt auch seine wilden Instinkte, scharf und stets wachsam.

Men Buck bevarede også sine vilde instinkter, skarpe og altid årvågne.

Er war nicht nur ein gezähmtes Haustier aus den sanften Ländern der Zivilisation.

Han var ikke bare et tamt kæledyr fra civilisationens bløde lande.

Buck war ein wildes Wesen, das hereingekommen war, um an Thorntons Feuer zu sitzen.

Buck var et vildt væsen, der var kommet ind for at sidde ved Thorntons bål.

Er sah aus wie ein Südlandhund, aber in ihm lebte Wildheit.

Han lignede en sydlandsk hund, men der levede vildskab i ham.

Seine Liebe zu Thornton war zu groß, um zuzulassen, dass er den Mann bestohlen hätte.
Hans kærlighed til Thornton var for stor til at tillade tyveri fra manden.
Aber in jedem anderen Lager würde er dreist und ohne Pause stehlen.
Men i enhver anden lejr ville han stjæle dristigt og uden pause.
Er war beim Stehlen so geschickt, dass ihn niemand erwischen oder beschuldigen konnte.
Han var så snedig til at stjæle, at ingen kunne fange eller anklage ham.
Sein Gesicht und sein Körper waren mit Narben aus vielen vergangenen Kämpfen übersät.
Hans ansigt og krop var dækket af ar fra mange tidligere kampe.
Buck kämpfte immer noch erbittert, aber jetzt kämpfte er mit mehr List.
Buck kæmpede stadig voldsomt, men nu kæmpede han med mere list.
Skeet und Nig waren zu sanft, um zu kämpfen, und sie gehörten Thornton.
Skeet og Nig var for blide til at slås, og de tilhørte Thornton.
Aber jeder fremde Hund, egal wie stark oder mutig, wich zurück.
Men enhver fremmed hund, uanset hvor stærk eller modig den var, gav efter.
Ansonsten kämpfte der Hund gegen Buck und um sein Leben.
Ellers måtte hunden kæmpe mod Buck; kæmpe for sit liv.
Buck kannte keine Gnade, wenn er sich entschied, gegen einen anderen Hund zu kämpfen.
Buck viste ingen nåde, da han først valgte at kæmpe mod en anden hund.
Er hatte das Gesetz der Keule und des Reißzahns im Nordland gut gelernt.
Han havde lært loven om kølle og hugtand godt i Nordlandet.

Er gab nie einen Vorteil auf und wich nie einer Schlacht aus.
Han opgav aldrig en fordel og trak sig aldrig tilbage fra kamp.
Er hatte Spitz und die wildesten Post- und Polizeihunde studiert.
Han havde studeret Spitz og de vildeste post- og politihunde.
Er wusste genau, dass es im wilden Kampf keinen Mittelweg gab.
Han vidste tydeligt, at der ikke var nogen mellemvej i vild kamp.
Er musste herrschen oder beherrscht werden; Gnade zu zeigen, hieße, Schwäche zu zeigen.
Han måtte herske eller blive hersket; at vise barmhjertighed betød at vise svaghed.
In der rauen und brutalen Welt des Überlebens kannte man keine Gnade.
Barmhjertighed var ukendt i overlevelsens rå og brutale verden.
Gnade zu zeigen wurde als Angst angesehen und Angst führte schnell zum Tod.
At vise barmhjertighed blev set som frygt, og frygt førte hurtigt til døden.
Das alte Gesetz war einfach: töten oder getötet werden, essen oder gefressen werden.
Den gamle lov var enkel: dræb eller bliv dræbt, spis eller bliv spist.
Dieses Gesetz stammte aus längst vergangenen Zeiten und Buck befolgte es vollständig.
Den lov kom fra tidens dyb, og Buck fulgte den fuldt ud.
Buck war älter als sein Alter und die Anzahl seiner Atemzüge.
Buck var ældre end sine år og antallet af åndedrag, han tog.
Er verband die ferne Vergangenheit klar mit der Gegenwart.
Han forbandt den gamle fortid tydeligt med nutiden.
Die tiefen Rhythmen der Zeitalter bewegten sich durch ihn wie die Gezeiten.
Tidernes dybe rytmer bevægede sig gennem ham som tidevandet.

Die Zeit pulsierte in seinem Blut so sicher, wie die
Jahreszeiten die Erde bewegen.
Tiden pulserede i hans blod lige så sikkert som årstiderne
bevægede jorden.
**Er saß mit starker Brust und weißen Reißzähnen an
Thorntons Feuer.**
Han sad ved Thorntons ild med kraftig brystkasse og hvide
hugtænder.
**Sein langes Fell wehte, aber hinter ihm beobachteten ihn die
Geister wilder Hunde.**
Hans lange pels blafrede, men bag ham så vilde hundes ånder
på.
**Halbwölfe und Vollwölfe regten sich in seinem Herzen und
seinen Sinnen.**
Halvulve og fulde ulve rørte sig i hans hjerte og sanser.
**Sie probierten sein Fleisch und tranken dasselbe Wasser wie
er.**
De smagte på hans kød og drak det samme vand som han
gjorde.
**Sie schnupperten neben ihm den Wind und lauschten dem
Wald.**
De snusede til vinden ved siden af ham og lyttede til skoven.
**Sie flüsterten die Bedeutung der wilden Geräusche in der
Dunkelheit.**
De hviskede betydningen af de vilde lyde i mørket.
**Sie prägten seine Stimmungen und leiteten jede seiner
stillen Reaktionen.**
De formede hans humør og styrede hver af hans stille
reaktioner.
**Sie lagen bei ihm, während er schlief, und wurden Teil
seiner tiefen Träume.**
De lå hos ham, mens han sov, og blev en del af hans dybe
drømme.
**Sie träumten mit ihm, über ihn hinaus und bildeten seinen
Geist.**
De drømte med ham, hinsides ham, og udgjorde selve hans
ånd.

Die Geister der Wildnis riefen so stark, dass Buck sich hingezogen fühlte.
Vildmarkens ånder kaldte så stærkt, at Buck følte sig draget.
Mit jedem Tag wurden die Menschheit und ihre Ansprüche in Bucks Herzen schwächer.
Hver dag blev menneskeheden og dens krav svagere i Bucks hjerte.
Tief im Wald würde ein seltsamer und aufregender Ruf erklingen.
Dybt inde i skoven ville et mærkeligt og spændende kald stige.
Jedes Mal, wenn er den Ruf hörte, verspürte Buck einen Drang, dem er nicht widerstehen konnte.
Hver gang han hørte kaldet, følte Buck en trang, han ikke kunne modstå.
Er wollte sich vom Feuer und den ausgetretenen menschlichen Pfaden abwenden.
Han ville vende sig bort fra ilden og fra de slagne menneskestier.
Er wollte in den Wald eintauchen und weitergehen, ohne zu wissen, warum.
Han ville styrte ind i skoven, fortsætte fremad uden at vide hvorfor.
Er hinterfragte diese Anziehungskraft nicht, denn der Ruf war tief und kraftvoll.
Han satte ikke spørgsmålstegn ved denne tiltrækning, for kaldet var dybt og kraftfuldt.
Oft erreichte er den grünen Schatten und die weiche, unberührte Erde
Ofte nåede han den grønne skygge og den bløde, uberørte jord
Doch dann zog ihn die große Liebe zu John Thornton zurück zum Feuer.
Men så trak den stærke kærlighed til John Thornton ham tilbage til ilden.
Nur John Thornton hatte Bucks wildes Herz wirklich in seiner Gewalt.
Kun John Thornton holdt virkelig Bucks vilde hjerte i sit greb.

Der Rest der Menschheit hatte für Buck keinen bleibenden Wert oder keine bleibende Bedeutung.
Resten af menneskeheden havde ingen varig værdi eller betydning for Buck.
Fremde könnten ihn loben oder ihm mit freundlichen Händen über das Fell streicheln.
Fremmede roser ham måske eller stryger ham over pelsen med venlige hænder.
Buck blieb ungerührt und ging vor lauter Zuneigung davon.
Buck forblev urørlig og gik sin vej på grund af for megen hengivenhed.
Hans und Pete kamen mit dem lange erwarteten Floß
Hans og Pete ankom med den længe ventede tømmerflåde
Buck ignorierte sie, bis er erfuhr, dass sie sich in der Nähe von Thornton befanden.
Buck ignorerede dem, indtil han fandt ud af, at de var tæt på Thornton.
Danach tolerierte er sie, zeigte ihnen jedoch nie seine volle Zuneigung.
Derefter tolererede han dem, men viste dem aldrig fuld varme.
Er nahm Essen oder Freundlichkeiten von ihnen an, als täte er ihnen einen Gefallen.
Han tog imod mad eller venlighed fra dem, som om han gjorde dem en tjeneste.
Sie waren wie Thornton – einfach, ehrlich und klar im Denken.
De var ligesom Thornton – enkle, ærlige og klare i tankerne.
Gemeinsam reisten sie zu Dawsons Sägewerk und dem großen Wirbel
Alle sammen rejste de til Dawsons savværk og den store hvirvelstrøm
Auf ihrer Reise lernten sie Bucks Wesen tiefgründig kennen.
På deres rejse lærte de at forstå Bucks natur dybt.
Sie versuchten nicht, sich näherzukommen, wie es Skeet und Nig getan hatten.

De forsøgte ikke at komme tættere på hinanden, ligesom Skeet og Nig havde gjort.

Doch Bucks Liebe zu John Thornton wurde mit der Zeit immer stärker.

Men Bucks kærlighed til John Thornton blev kun dybere med tiden.

Nur Thornton könnte Buck im Sommer eine Last auf die Schultern laden.

Kun Thornton kunne lægge en pakke på Bucks ryg om sommeren.

Was auch immer Thornton befahl, Buck war bereit, es uneingeschränkt zu tun.

Uanset hvad Thornton beordrede, var Buck villig til at gøre fuldt ud.

Eines Tages, nachdem sie Dawson in Richtung der Quellgewässer des Tanana verlassen hatten,

En dag, efter de havde forladt Dawson for at nå Tanana-flodens udspring,

die Gruppe saß auf einer Klippe, die dreihundert Fuß bis zum nackten Fels abfiel.

Gruppen sad på en klippe, der faldt en meter ned til bart grundfjeld.

John Thornton saß nahe der Kante und Buck ruhte sich neben ihm aus.

John Thornton sad nær kanten, og Buck hvilede sig ved siden af ham.

Thornton hatte plötzlich eine Idee und rief die Männer auf sich aufmerksam.

Thornton fik en pludselig tanke og tiltrak mændenes opmærksomhed.

Er deutete über den Abgrund und gab Buck einen einzigen Befehl.

Han pegede over kløften og gav Buck én kommando.

„Spring, Buck!", sagte er und schwang seinen Arm über den Abgrund.

"Hop, Buck!" sagde han og svingede armen ud over faldet.

Einen Moment später musste er Buck packen, der sofort lossprang, um zu gehorchen.

Om et øjeblik måtte han gribe fat i Buck, som sprang for at adlyde.

Hans und Pete eilten nach vorne und zogen beide in Sicherheit.

Hans og Pete skyndte sig frem og trak begge tilbage i sikkerhed.

Nachdem alles vorbei war und sie wieder zu Atem gekommen waren, ergriff Pete das Wort.

Efter at alt var overstået, og de havde fået vejret, tog Pete ordet.

„Die Liebe ist unheimlich", sagte er, erschüttert von der wilden Hingabe des Hundes.

"Kærligheden er uhyggelig," sagde han, rystet af hundens voldsomme hengivenhed.

Thornton schüttelte den Kopf und antwortete mit ruhiger Ernsthaftigkeit.

Thornton rystede på hovedet og svarede med rolig alvor.

„Nein, die Liebe ist großartig", sagte er, „aber auch schrecklich."

"Nej, kærligheden er storslået," sagde han, "men også forfærdelig."

„Manchmal, das muss ich zugeben, macht mir diese Art von Liebe Angst."

"Nogle gange må jeg indrømme, at denne form for kærlighed gør mig bange."

Pete nickte und sagte: „Ich möchte nicht der Mann sein, der dich berührt."

Pete nikkede og sagde: "Jeg ville hade at være den mand, der rører dig."

Er sah Buck beim Sprechen ernst und voller Respekt an.

Han så på Buck, mens han talte, alvorligt og fuld af respekt.

„Py Jingo!", sagte Hans schnell. „Ich auch nicht, nein, Sir."

„Py Jingo!" sagde Hans hurtigt. „Heller ikke mig, nej, hr."

Noch vor Jahresende wurden Petes Befürchtungen in Circle City wahr.
Inden året var omme, gik Petes frygt i opfyldelse i Circle City.
Ein grausamer Mann namens Black Burton hat in der Bar eine Schlägerei angezettelt.
En grusom mand ved navn Black Burton startede et slagsmål i baren.
Er war wütend und bösartig und ging auf einen Neuling los.
Han var vred og ondskabsfuld og langede ud efter en ny følsom fod.
John Thornton schritt ein, ruhig und gutmütig wie immer.
John Thornton trådte til, rolig og godmodig som altid.
Buck lag mit gesenktem Kopf in einer Ecke und beobachtete Thornton aufmerksam.
Buck lå i et hjørne med hovedet nedad og iagttog Thornton nøje.
Burton schlug plötzlich zu und sein Schlag ließ Thornton herumwirbeln.
Burton slog pludselig til, og hans slag fik Thornton til at snurre rundt.
Nur die Stangenreling verhinderte, dass er hart auf den Boden stürzte.
Kun barens gelænder forhindrede ham i at styrte hårdt ned på jorden.
Die Beobachter hörten ein Geräusch, das weder Bellen noch Jaulen war
Vagterne hørte en lyd, der ikke var gøen eller gylpen
Ein tiefes Brüllen kam von Buck, als er auf den Mann zustürzte.
Et dybt brøl lød fra Buck, da han skyndte sig mod manden.
Burton riss seinen Arm hoch und rettete nur knapp sein eigenes Leben.
Burton løftede armen og reddede med nød og næppe sit eget liv.
Buck prallte gegen ihn und warf ihn flach auf den Boden.
Buck bragede ind i ham og slog ham fladt ned på gulvet.

Buck biss tief in den Arm des Mannes und stürzte sich dann auf die Kehle.
Buck bed dybt i mandens arm og kastede sig derefter ud efter struben.
Burton konnte den Angriff nur teilweise blocken und sein Hals wurde aufgerissen.
Burton kunne kun delvist blokere, og hans hals blev revet op.
Männer stürmten mit erhobenen Knüppeln herein und vertrieben Buck von dem blutenden Mann.
Mænd stormede ind, med køller hejst, og drev Buck væk fra den blødende mand.
Ein Chirurg arbeitete schnell, um den Blutausfluss zu stoppen.
En kirurg arbejdede hurtigt for at stoppe blodet i at løbe ud.
Buck ging auf und ab und knurrte, während er immer wieder versuchte anzugreifen.
Buck gik frem og tilbage og knurrede, mens han forsøgte at angribe igen og igen.
Nur schwingende Knüppel hielten ihn davon ab, Burton zu erreichen.
Kun svingende køller forhindrede ham i at nå Burton.
Eine Bergarbeiterversammlung wurde einberufen und noch vor Ort abgehalten.
Der blev indkaldt til et minearbejdermøde og afholdt lige der på stedet.
Sie waren sich einig, dass Buck provoziert worden war, und stimmten für seine Freilassung.
De var enige om, at Buck var blevet provokeret, og stemte for at sætte ham fri.
Doch Bucks wilder Name hallte nun durch jedes Lager in Alaska.
Men Bucks stærke navn gav nu genlyd i alle lejre i Alaska.
Später im Herbst rettete Buck Thornton erneut auf eine neue Art und Weise.
Senere samme efterår reddede Buck Thornton igen på en ny måde.

Die drei Männer steuerten ein langes Boot durch wilde Stromschnellen.
De tre mænd førte en lang båd ned ad barske strømfald.
Thornton steuerte das Boot und rief Anweisungen zur Küste.
Thornton managede båden og råbte vej til kystlinjen.
Hans und Pete rannten an Land und hielten sich an einem Seil fest, das sie von Baum zu Baum führte.
Hans og Pete løb på land og holdt et reb fra træ til træ.
Buck hielt am Ufer Schritt und behielt seinen Herrn immer im Auge.
Buck holdt trit på bredden og holdt altid øje med sin herre.
An einer ungünstigen Stelle ragten Felsen aus dem schnellen Wasser hervor.
På et ubehageligt sted stak klipper ud under det brusende vand.
Hans ließ das Seil los und Thornton steuerte das Boot weit.
Hans slap rebet, og Thornton styrede båden vidt.
Hans sprintete, um das Boot an den gefährlichen Felsen vorbei wieder zu erreichen.
Hans spurtede for at indhente båden igen forbi de farlige klipper.
Das Boot passierte den Felsvorsprung, geriet jedoch in eine stärkere Strömung.
Båden passerede afsatsen, men ramte en stærkere del af strømmen.
Hans griff zu schnell nach dem Seil und brachte das Boot aus dem Gleichgewicht.
Hans greb for hurtigt fat i rebet og trak båden ud af balance.
Das Boot kenterte und prallte mit dem Hinterteil nach oben gegen das Ufer.
Båden kæntrede og bragede ind i bredden med bunden opad.
Thornton wurde hinausgeworfen und in den wildesten Teil des Wassers geschwemmt.
Thornton blev kastet ud og fejet ud i den vildeste del af vandet.

Kein Schwimmer hätte in diesen tödlichen, reißenden Gewässern überleben können.
Ingen svømmer kunne have overlevet i det dødbringende, brusende vand.
Buck sprang sofort hinein und jagte seinen Herrn den Fluss hinunter.
Buck sprang straks ind og jagtede sin herre ned ad floden.
Nach dreihundert Metern erreichte er endlich Thornton.
Efter tre hundrede meter nåede han endelig Thornton.
Thornton packte Buck am Schwanz und Buck drehte sich zum Ufer um.
Thornton greb fat i Bucks hale, og Buck vendte sig mod kysten.
Er schwamm mit voller Kraft und kämpfte gegen den wilden Sog des Wassers an.
Han svømmede med fuld styrke og kæmpede mod vandets vilde modstand.
Sie bewegten sich schneller flussabwärts, als sie das Ufer erreichen konnten.
De bevægede sig nedstrøms hurtigere, end de kunne nå kysten.
Vor ihnen toste der Fluss immer lauter und stürzte in tödliche Stromschnellen.
Forude brølede floden højere, mens den faldt ned i dødbringende strømfald.
Felsen schnitten durch das Wasser wie die Zähne eines riesigen Kamms.
Stenene skar gennem vandet som tænderne på en enorm kam.
Die Anziehungskraft des Wassers in der Nähe des Tropfens war wild und unausweichlich.
Vandets tiltrækning nær dråben var vild og uundgåelig.
Thornton wusste, dass sie das Ufer nie rechtzeitig erreichen würden.
Thornton vidste, at de aldrig kunne nå kysten i tide.
Er schrammte über einen Felsen, zerschmetterte einen zweiten,
Han skrabede over én sten, smadrede hen over en anden,

Und dann prallte er gegen einen dritten Felsen, den er mit beiden Händen festhielt.
Og så bragede han ind i en tredje sten og greb den med begge hænder.

Er ließ Buck los und übertönte das Gebrüll: „Los, Buck! Los!"
Han slap Buck og råbte over brølet: "Afsted, Buck! Afsted!"

Buck konnte sich nicht über Wasser halten und wurde von der Strömung mitgerissen.
Buck kunne ikke holde sig oven vande og blev revet med af strømmen.

Er kämpfte hart und versuchte, sich umzudrehen, kam aber überhaupt nicht voran.
Han kæmpede hårdt og kæmpede for at vende sig, men gjorde slet ingen fremskridt.

Dann hörte er, wie Thornton den Befehl über das Tosen des Flusses hinweg wiederholte.
Så hørte han Thornton gentage kommandoen over flodens brølen.

Buck erhob sich aus dem Wasser und hob den Kopf, als wolle er einen letzten Blick werfen.
Buck steg op af vandet og løftede hovedet, som for at kaste et sidste blik.

dann drehte er sich um und gehorchte und schwamm entschlossen auf das Ufer zu.
så vendte han sig om og adlød, mens han beslutsomt svømmede mod bredden.

Pete und Hans zogen ihn im letzten Moment an Land.
Pete og Hans trak ham i land i det sidste mulige øjeblik.

Sie wussten, dass Thornton sich nur noch wenige Minuten am Felsen festklammern konnte.
De vidste, at Thornton kun kunne klamre sig til klippen i få minutter mere.

Sie rannten das Ufer hinauf zu einer Stelle weit oberhalb der Stelle, an der er hing.
De løb op ad bredden til et sted langt over, hvor han hang.

Sie befestigten die Bootsleine sorgfältig an Bucks Hals und Schultern.
De bandt omhyggeligt bådens line fast til Bucks nakke og skuldre.
Das Seil saß eng, war aber locker genug zum Atmen und für Bewegung.
Rebet var stramt, men løst nok til at trække vejret og bevæge sig.
Dann warfen sie ihn erneut in den reißenden, tödlichen Fluss.
Så kastede de ham igen ud i den brusende, dødbringende flod.
Buck schwamm mutig, verpasste jedoch seinen Winkel in die Kraft des Stroms.
Buck svømmede dristigt, men ramte ikke strømmens kraft.
Er sah zu spät, dass er an Thornton vorbeiziehen würde.
Han så for sent, at han ville drive forbi Thornton.
Hans riss das Seil fest, als wäre Buck ein kenterndes Boot.
Hans stramte rebet, som om Buck var en kæntrende båd.
Die Strömung zog ihn nach unten und er verschwand unter der Oberfläche.
Strømmen trak ham ned under overfladen, og han forsvandt.
Sein Körper schlug gegen das Ufer, bevor Hans und Pete ihn herauszogen.
Hans krop ramte banken, før Hans og Pete trak ham op.
Er war halb ertrunken und sie haben das Wasser aus ihm herausgeprügelt.
Han var halvt druknet, og de hamrede vandet ud af ham.
Buck stand auf, taumelte und brach erneut auf dem Boden zusammen.
Buck rejste sig, vaklede og kollapsede igen om på jorden.
Dann hörten sie Thorntons Stimme, die schwach vom Wind getragen wurde.
Så hørte de Thorntons stemme, svagt båret af vinden.
Obwohl die Worte undeutlich waren, wussten sie, dass er dem Tode nahe war.
Selvom ordene var uklare, vidste de, at han var døden nær.

Der Klang von Thorntons Stimme traf Buck wie ein elektrischer Schlag.
Lyden af Thorntons stemme ramte Buck som et elektrisk stød.
Er sprang auf, rannte das Ufer hinauf und kehrte zum Startpunkt zurück.
Han sprang op og løb op ad bredden og vendte tilbage til startstedet.
Wieder banden sie Buck das Seil fest und wieder betrat er den Bach.
Igen bandt de rebet til Buck, og igen gik han ud i bækken.
Diesmal schwamm er direkt und entschlossen in das rauschende Wasser.
Denne gang svømmede han direkte og bestemt ud i det brusende vand.
Hans ließ das Seil langsam los, während Pete darauf achtete, dass es sich nicht verhedderte.
Hans slap rebet støt ud, mens Pete holdt det fra at filtre sig sammen.
Buck schwamm schnell, bis er direkt über Thornton auf einer Linie lag.
Buck svømmede hårdt, indtil han var opstillet lige over Thornton.
Dann drehte er sich um und raste wie ein Zug mit voller Geschwindigkeit nach unten.
Så vendte han sig og susede ned som et tog i fuld fart.
Thornton sah ihn kommen, machte sich bereit und schlang die Arme um seinen Hals.
Thornton så ham komme, forberedt og holdt armene om hans hals.
Hans band das Seil fest um einen Baum, als beide unter Wasser gezogen wurden.
Hans bandt rebet fast omkring et træ, mens begge blev trukket under.
Sie stürzten unter Wasser und zerschellten an Felsen und Flusstrümmern.
De tumlede under vandet og smadrede ind i klipper og flodaffald.

In einem Moment war Buck oben, im nächsten erhob sich Thornton keuchend.
Det ene øjeblik var Buck på toppen, det næste rejste Thornton sig gispende.

Zerschlagen und erstickend steuerten sie auf das Ufer zu und waren in Sicherheit.
Forslåede og kvalte drejede de mod bredden og i sikkerhed.

Thornton erlangte sein Bewusstsein wieder und lag quer über einem Treibholzbaumstamm.
Thornton genvandt bevidstheden, liggende på tværs af en drivtømmer.

Hans und Pete haben hart gearbeitet, um ihm Atem und Leben zurückzugeben.
Hans og Pete arbejdede hårdt for at få ham tilbage i livet.

Sein erster Gedanke galt Buck, der regungslos und schlaff dalag.
Hans første tanke var på Buck, som lå ubevægelig og slap.

Nig heulte über Bucks Körper und Skeet leckte sanft sein Gesicht.
Nig hylede over Bucks krop, og Skeet slikkede ham blidt i ansigtet.

Thornton, wund und verletzt, untersuchte Buck mit vorsichtigen Händen.
Thornton, øm og forslået, undersøgte Buck med forsigtige hænder.

Er stellte fest, dass der Hund drei Rippen gebrochen hatte, jedoch keine tödlichen Wunden aufwies.
Han fandt tre brækkede ribben, men ingen dødelige sår hos hunden.

„Damit ist die Sache geklärt", sagte Thornton. „Wir zelten hier." Und das taten sie.
"Det afgør sagen," sagde Thornton. "Vi camperer her." Og det gjorde de.

Sie blieben, bis Bucks Rippen verheilt waren und er wieder laufen konnte.
De blev, indtil Bucks ribben var helet, og han kunne gå igen.

In diesem Winter vollbrachte Buck eine Leistung, die seinen Ruhm noch weiter steigerte.
Den vinter udførte Buck en bedrift, der øgede hans berømmelse yderligere.
Es war weniger heroisch als Thornton zu retten, aber genauso beeindruckend.
Det var mindre heroisk end at redde Thornton, men lige så imponerende.
In Dawson benötigten die Partner Vorräte für eine weite Reise.
I Dawson havde partnerne brug for forsyninger til en fjern rejse.
Sie wollten nach Osten reisen, in unberührte Wildnisgebiete.
De ville rejse østpå, ind i uberørte vildmarksområder.
Bucks Tat im Eldorado Saloon machte diese Reise möglich.
Bucks gerning i Eldorado Saloon gjorde den rejse mulig.
Es begann damit, dass Männer bei einem Drink mit ihren Hunden prahlten.
Det begyndte med mænd, der pralede af deres hunde over drinks.
Bucks Ruhm machte ihn zur Zielscheibe von Herausforderungen und Zweifeln.
Bucks berømmelse gjorde ham til mål for udfordringer og tvivl.
Thornton blieb stolz und ruhig und verteidigte Bucks Namen standhaft.
Thornton, stolt og rolig, stod fast i sit forsvar af Bucks navn.
Ein Mann sagte, sein Hund könne problemlos zweihundertsechsunddreißig kg ziehen.
En mand sagde, at hans hund nemt kunne trække fem hundrede pund.
Ein anderer sagte sechshundert und ein dritter prahlte mit siebenhundert.
En anden sagde seks hundrede, og en tredje pralede med syv hundrede.

„Pfft!", sagte John Thornton, „Buck kann einen fünfhundert kg schweren Schlitten ziehen."

"Pfft!" sagde John Thornton, "Buck kan trække en slæde på tusind pund."

Matthewson, ein Bonanza-König, beugte sich vor und forderte ihn heraus.

Matthewson, en Bonanza-konge, lænede sig frem og udfordrede ham.

„Glauben Sie, er kann so viel Gewicht in Bewegung setzen?"

"Tror du, han kan lægge så meget vægt i bevægelse?"

„Und Sie glauben, er kann das Gewicht volle hundert Meter weit ziehen?"

"Og du tror, han kan trække vægten hundrede meter?"

Thornton antwortete kühl: „Ja. Buck ist Hund genug, um das zu tun."

Thornton svarede køligt: "Ja. Buck er hund nok til at gøre det."

„Er wird tausend Pfund in Bewegung setzen und es hundert Meter weit ziehen."

"Han sætter tusind pund i bevægelse og trækker det hundrede meter."

Matthewson lächelte langsam und stellte sicher, dass alle Männer seine Worte hörten.

Matthewson smilede langsomt og sørgede for, at alle mænd hørte hans ord.

„Ich habe tausend Dollar, die sagen, dass er es nicht kann. Da ist es."

"Jeg har tusind dollars, der siger, at han ikke kan. Der er de."

Er knallte einen Sack Goldstaub von der Größe einer Wurst auf die Theke.

Han smækkede en sæk guldstøv på størrelse med en pølse på baren.

Niemand sagte ein Wort. Die Stille um sie herum wurde drückend und angespannt.

Ingen sagde et ord. Stilheden blev tung og anspændt omkring dem.

Thorntons Bluff – wenn es denn einer war – war ernst genommen worden.
Thorntons bluff – hvis det var et – var blevet taget alvorligt.
Er spürte, wie ihm die Hitze im Gesicht aufstieg und das Blut in seine Wangen schoss.
Han følte varmen stige op i ansigtet, mens blodet fossede op ad kinderne.
In diesem Moment war seine Zunge seiner Vernunft voraus.
Hans tunge var kommet forud for hans fornuft i det øjeblik.
Er wusste wirklich nicht, ob Buck fünfhundert kg bewegen konnte.
Han vidste virkelig ikke, om Buck kunne flytte tusind pund.
Eine halbe Tonne! Allein die Größe ließ ihm das Herz schwer werden.
Et halvt ton! Alene størrelsen gjorde ham tung om hjertet.
Er hatte Vertrauen in Bucks Stärke und hielt ihn für fähig.
Han havde tillid til Bucks styrke og havde troet, at han var dygtig.
Doch einer solchen Herausforderung war er noch nie begegnet, nicht auf diese Art und Weise.
Men han havde aldrig stået over for den slags udfordring, ikke som denne.
Ein Dutzend Männer beobachteten ihn still und warteten darauf, was er tun würde.
Et dusin mænd iagttog ham stille og ventede på at se, hvad han ville gøre.
Er hatte das Geld nicht – Hans und Pete auch nicht.
Han havde ikke pengene – hverken Hans eller Pete havde.
„Ich habe draußen einen Schlitten", sagte Matthewson kalt und direkt.
"Jeg har en kælk udenfor," sagde Matthewson koldt og direkte.
„Es ist mit zwanzig Säcken zu je fünfzig Pfund beladen, alles Mehl.
"Den er læsset med tyve sække, halvtreds pund hver, alt sammen mel."

Lassen Sie sich also jetzt nicht von einem fehlenden Schlitten als Ausrede ausreden", fügte er hinzu.
Så lad ikke en forsvunden slæde være din undskyldning nu," tilføjede han.
Thornton stand still da. Er wusste nicht, was er sagen sollte.
Thornton stod tavs. Han vidste ikke, hvilke ord han skulle sige.
Er blickte sich die Gesichter an, ohne sie deutlich zu erkennen.
Han kiggede rundt på ansigterne uden at se dem tydeligt.
Er sah aus wie ein Mann, der in Gedanken erstarrt war und versuchte, neu zu starten.
Han lignede en mand, der var fastlåst i sine tanker, og som prøvede at genstarte.
Dann sah er Jim O'Brien, einen Freund aus der Mastodon-Zeit.
Så så han Jim O'Brien, en ven fra Mastodon-dagene.
Dieses vertraute Gesicht gab ihm Mut, von dem er nicht wusste, dass er ihn hatte.
Det velkendte ansigt gav ham et mod, han ikke vidste, han havde.
Er drehte sich um und fragte mit leiser Stimme: „Können Sie mir tausend leihen?"
Han vendte sig om og spurgte med lav stemme: "Kan du låne mig tusind?"
„Sicher", sagte O'Brien und ließ bereits einen schweren Sack neben dem Gold fallen.
"Javisst," sagde O'Brien, idet han allerede smed en tung sæk ved siden af guldet.
„Aber ehrlich gesagt, John, ich glaube nicht, dass das Biest das tun kann."
"Men ærligt talt, John, tror jeg ikke, at udyret kan gøre dette."
Alle im Eldorado Saloon strömten nach draußen, um sich die Veranstaltung anzusehen.
Alle i Eldorado Saloon skyndte sig udenfor for at se begivenheden.

Sie ließen Tische und Getränke zurück und sogar die Spiele wurden unterbrochen.
De forlod borde og drikkevarer, og selv spillene blev sat på pause.
Dealer und Spieler kamen, um das Ende der kühnen Wette mitzuerleben.
Dealere og spillere kom for at være vidne til det dristige væddemåls afslutning.
Hunderte versammelten sich auf der vereisten Straße um den Schlitten.
Hundredvis samledes omkring slæden på den isglatte åbne gade.
Matthewsons Schlitten stand mit einer vollen Ladung Mehlsäcke da.
Matthewsons slæde stod med en fuld last af melsække.
Der Schlitten stand stundenlang bei Minustemperaturen.
Slæden havde stået i timevis i minusgrader.
Die Kufen des Schlittens waren fest am festgetretenen Schnee festgefroren.
Slædens meder var frosset fast til den pakket sne.
Die Männer wetteten zwei zu eins, dass Buck den Schlitten nicht bewegen könne.
Mændene tilbød to til en odds på, at Buck ikke kunne flytte slæden.
Es kam zu einem Streit darüber, was „ausbrechen" eigentlich bedeutet.
Der opstod en diskussion om, hvad "bryde ud" egentlig betød.
O'Brien sagte, Thornton solle die festgefrorene Basis des Schlittens lösen.
O'Brien sagde, at Thornton skulle løsne slædens frosne bund.
Buck könnte dann aus einem soliden, bewegungslosen Start „ausbrechen".
Buck kunne så "bryde ud" fra en solid, ubevægelig start.
Matthewson argumentierte, dass der Hund auch die Läufer befreien müsse.
Matthewson argumenterede for, at hunden også skulle slippe løberne fri.

Die Männer, die von der Wette gehört hatten, stimmten Matthewsons Ansicht zu.
Mændene, der havde hørt væddemålet, var enige i Matthewsons synspunkt.
Mit dieser Entscheidung stiegen die Chancen auf drei zu eins gegen Buck.
Med den kendelse steg oddsene til tre til en mod Buck.
Niemand trat vor, um die wachsende Drei-zu-eins-Chance auf sich zu nehmen.
Ingen trådte frem for at tage imod de voksende odds på tre til en.
Kein einziger Mann glaubte, dass Buck diese große Leistung vollbringen könnte.
Ikke en eneste mand troede på, at Buck kunne udføre den store bedrift.
Thornton war zu der Wette gedrängt worden, obwohl er voller Zweifel war.
Thornton var blevet presset ind i væddemålet, tynget af tvivl.
Nun blickte er auf den Schlitten und das zehnköpfige Hundegespann daneben.
Nu kiggede han på slæden og spandet på ti hunde ved siden af den.
Als ich die Realität der Aufgabe sah, erschien sie noch unmöglicher.
At se opgavens realitet fik den til at virke mere umulig.
Matthewson war in diesem Moment voller Stolz und Selbstvertrauen.
Matthewson var fuld af stolthed og selvtillid i det øjeblik.
„Drei zu eins!", rief er. „Ich wette noch tausend, Thornton!"
„Tre til en!" råbte han. „Jeg vædder med tusind mere, Thornton!"
Was sagst du dazu?", fügte er laut genug hinzu, dass es alle hören konnten.
"Hvad siger du?" tilføjede han højt nok til, at alle kunne høre det.
Thorntons Gesicht zeigte seine Zweifel, aber sein Geist war aufgeblüht.

Thorntons ansigt viste hans tvivl, men hans humør var steget.
Dieser Kampfgeist ignorierte alle Widrigkeiten und fürchtete sich überhaupt nicht.
Den kampånd ignorerede odds og frygtede slet ingenting.
Er forderte Hans und Pete auf, ihr gesamtes Bargeld auf den Tisch zu bringen.
Han ringede til Hans og Pete for at få dem til at bringe alle deres penge til bordet.
Ihnen blieb nicht mehr viel übrig – insgesamt nur zweihundert Dollar.
De havde kun lidt tilbage – kun to hundrede dollars tilsammen.
Diese kleine Summe war ihr gesamtes Vermögen in schweren Zeiten.
Denne lille sum var deres samlede formue i vanskelige tider.
Dennoch setzten sie ihr gesamtes Vermögen auf Matthewsons Wette.
Alligevel satsede de hele formuen mod Matthewsons væddemål.
Das zehnköpfige Hundegespann wurde abgekoppelt und vom Schlitten wegbewegt.
Spandet på ti hunde blev fraspændt og bevægede sig væk fra slæden.
Buck wurde in die Zügel genommen und trug sein vertrautes Geschirr.
Buck blev sat i tøjlerne, iført sin velkendte sele.
Er hatte die Energie der Menge aufgefangen und die Spannung gespürt.
Han havde fanget mængdens energi og mærket spændingen.
Irgendwie wusste er, dass er etwas für John Thornton tun musste.
På en eller anden måde vidste han, at han var nødt til at gøre noget for John Thornton.
Die Leute murmelten voller Bewunderung über die stolze Gestalt des Hundes.
Folk mumlede af beundring over hundens stolte skikkelse.

Er war schlank und stark und hatte kein einziges Gramm Fleisch zu viel.
Han var slank og stærk, uden en eneste ekstra gram kød.
Sein Gesamtgewicht von hundertfünfzig Pfund bestand nur aus Kraft und Ausdauer.
Hans fulde vægt på hundrede og halvtreds pund var ren kraft og udholdenhed.
Bucks Fell glänzte wie Seide und strotzte vor Gesundheit und Kraft.
Bucks pels glimtede som silke, tyk af sundhed og styrke.
Das Fell an seinem Hals und seinen Schultern schien sich aufzurichten und zu sträuben.
Pelsen langs hans hals og skuldre syntes at løfte sig og få stritter i håret.
Seine Mähne bewegte sich leicht, jedes Haar war voller Energie.
Hans man bevægede sig let, hvert hårstrå levende med hans store energi.
Seine breite Brust und seine starken Beine passten zu seinem schweren, robusten Körperbau.
Hans brede brystkasse og stærke ben matchede hans tunge, robuste kropsbygning.
Unter seinem Mantel spannten sich Muskeln, straff und fest wie geschmiedetes Eisen.
Musklerne bølgede under hans frakke, stramme og faste som bundet jern.
Männer berührten ihn und schworen, er sei gebaut wie eine Stahlmaschine.
Mænd rørte ved ham og svor, at han var bygget som en stålmaskine.
Die Quoten sanken leicht auf zwei zu eins gegen den großen Hund.
Oddsene faldt en smule til to til en mod den store hund.
Ein Mann von den Skookum Benches drängte sich stotternd nach vorne.
En mand fra Skookum-bænkene skubbede sig frem, stammende.

„Gut, Sir! Ich biete achthundert für ihn – vor der Prüfung, Sir!"
"Godt, hr.! Jeg tilbyder otte hundrede for ham – før prøven, hr.!"
„Achthundert, so wie er jetzt dasteht!", beharrte der Mann.
"Otte hundrede, som han står lige nu!" insisterede manden.
Thornton trat vor, lächelte und schüttelte ruhig den Kopf.
Thornton trådte frem, smilede og rystede roligt på hovedet.
Matthewson schritt schnell mit warnender Stimme und einem Stirnrunzeln ein.
Matthewson trådte hurtigt til med en advarende stemme og et rynket pande.
„Sie müssen Abstand von ihm halten", sagte er. „Geben Sie ihm Raum."
"Du skal træde væk fra ham," sagde han. "Giv ham plads."
Die Menge verstummte; nur die Spieler boten noch zwei zu eins.
Mængden blev stille; kun spillerne tilbød stadig to til en.
Alle bewunderten Bucks Körperbau, aber die Last schien zu groß.
Alle beundrede Bucks bygning, men lasten så for stor ud.
Zwanzig Säcke Mehl – jeder fünfzig Pfund schwer – schienen viel zu viel.
Tyve sække mel – hver på halvtreds pund – virkede alt for meget.
Niemand war bereit, seinen Geldbeutel zu öffnen und sein Geld zu riskieren.
Ingen var villige til at åbne deres pung og risikere deres penge.
Thornton kniete neben Buck und nahm seinen Kopf in beide Hände.
Thornton knælede ved siden af Buck og tog hans hoved i begge hænder.
Er drückte seine Wange an Bucks und sprach in sein Ohr.
Han pressede sin kind mod Bucks og talte i hans øre.
Es gab jetzt kein spielerisches Schütteln oder geflüsterte liebevolle Beleidigungen.

Der var ingen legende rysten eller hviskede kærlige fornærmelser nu.

Er murmelte nur leise: „So sehr du mich liebst, Buck."

Han mumlede kun sagte: "Lige så meget som du elsker mig, Buck."

Buck stieß ein leises Winseln aus, seine Begierde konnte er kaum zurückhalten.

Buck udstødte et stille klynk, hans iver knap nok behersket.

Die Zuschauer beobachteten neugierig, wie Spannung in der Luft lag.

Tilskuerne så med nysgerrighed på, mens spændingen fyldte luften.

Der Moment fühlte sich fast unwirklich an, wie etwas jenseits der Vernunft.

Øjeblikket føltes næsten uvirkeligt, som noget hinsides al fornuft.

Als Thornton aufstand, nahm Buck sanft seine Hand zwischen die Kiefer.

Da Thornton rejste sig, tog Buck blidt hans hånd mellem kæberne.

Er drückte mit den Zähnen nach unten und ließ dann langsam und sanft los.

Han pressede ned med tænderne, og slap derefter langsomt og forsigtigt.

Es war eine stille Antwort der Liebe, nicht ausgesprochen, aber verstanden.

Det var et stille svar af kærlighed, ikke udtalt, men forstået.

Thornton trat weit von dem Hund zurück und gab das Signal.

Thornton trådte et godt stykke tilbage fra hunden og gav signalet.

„Jetzt, Buck", sagte er und Buck antwortete mit konzentrierter Ruhe.

"Nå, Buck," sagde han, og Buck svarede med fokuseret ro.

Buck spannte die Leinen und lockerte sie dann um einige Zentimeter.

Buck strammede skinnerne og løsnede dem derefter et par centimeter.

Dies war die Methode, die er gelernt hatte; seine Art, den Schlitten zu zerbrechen.

Dette var den metode, han havde lært; hans måde at bryde slæden på.

„Mensch!", rief Thornton mit scharfer Stimme in der schweren Stille.

"Hold da op!" råbte Thornton med skarp stemme i den tunge stilhed.

Buck drehte sich nach rechts und stürzte sich mit seinem gesamten Gewicht nach vorn.

Buck drejede til højre og kastede sig ud med al sin vægt.

Das Spiel verschwand und Bucks gesamte Masse traf die straffen Leinen.

Slæbet forsvandt, og Bucks fulde masse ramte de snævre spor.

Der Schlitten zitterte und die Kufen machten ein knackendes, knisterndes Geräusch.

Slæden dirrede, og mederne lavede en sprød knitrende lyd.

„Haw!", befahl Thornton und änderte erneut Bucks Richtung.

„Ha!" kommanderede Thornton og ændrede Bucks retning igen.

Buck wiederholte die Bewegung und zog diesmal scharf nach links.

Buck gentog bevægelsen, denne gang trak han skarpt til venstre.

Das Knacken des Schlittens wurde lauter, die Kufen knackten und verschoben sich.

Slæden knitrede højere, mederne knirkede og flyttede sig.

Die schwere Last rutschte leicht seitwärts über den gefrorenen Schnee.

Den tunge last gled let sidelæns hen over den frosne sne.

Der Schlitten hatte sich aus der Umklammerung des eisigen Pfades gelöst!

Slæden var løsrevet fra den isglatte stis greb!

Die Männer hielten den Atem an, ohne zu merken, dass sie nicht einmal atmeten.
Mændene holdt vejret, uvidende om at de slet ikke trak vejret.
„Jetzt ZIEHEN!", rief Thornton durch die eisige Stille.
"Nu, TRÆK!" råbte Thornton gennem den frosne stilhed.
Thorntons Befehl klang scharf wie ein Peitschenknall.
Thorntons kommando rungede skarpt, som lyden af en piske.
Buck stürzte sich mit einem heftigen und heftigen Ausfallschritt nach vorne.
Buck kastede sig fremad med et voldsomt og rystende udfald.
Sein ganzer Körper war aufgrund der enormen Belastung angespannt und verkrampft.
Hele hans krop spændtes og sammenkrøbledes på grund af den massive belastning.
Unter seinem Fell spannten sich Muskeln wie lebendig werdende Schlangen.
Musklerne bølgede under hans pels som slanger, der kom til live.
Seine breite Brust war tief, der Kopf nach vorne zum Schlitten gestreckt.
Hans store brystkasse var lav, hovedet strakt frem mod slæden.
Seine Pfoten bewegten sich blitzschnell und seine Krallen zerschnitten den gefrorenen Boden.
Hans poter bevægede sig som lyn, kløer skar den frosne jord.
Er kämpfte um jeden Zentimeter Bodenhaftung und hinterließ tiefe Rillen.
Der blev skåret dybt i sporene, mens han kæmpede for hver en centimeter af trækkraft.
Der Schlitten schaukelte, zitterte und begann eine langsame, unruhige Bewegung.
Slæden rokkede, dirrede og begyndte en langsom, urolig bevægelse.
Ein Fuß rutschte aus und ein Mann in der Menge stöhnte laut auf.
Den ene fod gled, og en mand i mængden stønnede højt.

Dann machte der Schlitten mit einer ruckartigen, heftigen Bewegung einen Satz nach vorne.
Så kastede slæden sig fremad i en rykkende, ru bevægelse.
Es hörte nicht wieder auf – noch einen halben Zoll ... einen Zoll ... zwei Zoll mehr.
Den stoppede ikke igen – en halv tomme ... en tomme ... to tommer mere.
Die Stöße wurden kleiner, als der Schlitten an Geschwindigkeit zunahm.
Rykkene blev mindre, efterhånden som slæden begyndte at tage fart.
Bald zog Buck mit sanfter, gleichmäßiger Rollkraft.
Snart trak Buck med jævn, jævn rullekraft.
Die Männer schnappten nach Luft und erinnerten sich schließlich wieder daran zu atmen.
Mændene gispede og huskede endelig at trække vejret igen.
Sie hatten nicht bemerkt, dass ihnen vor Ehrfurcht der Atem stockte.
De havde ikke bemærket, at deres åndedræt var holdt op i ærefrygt.
Thornton rannte hinterher und rief kurze, fröhliche Befehle.
Thornton løb bagved og råbte korte, muntre kommandoer.
Vor uns lag ein Stapel Brennholz, der die Entfernung markierte.
Forude lå en stak brænde, der markerede afstanden.
Als Buck sich dem Haufen näherte, wurde der Jubel immer lauter.
Efterhånden som Buck nærmede sig bunken, blev jubelråbene højere og højere.
Der Jubel schwoll zu einem Brüllen an, als Buck den Endpunkt passierte.
Jubelråbene voksede til et brøl, da Buck passerede slutpunktet.
Männer sprangen auf und schrien, sogar Matthewson grinste.
Mænd hoppede og råbte, selv Matthewson brød ud i et smil.
Hüte flogen durch die Luft, Fäustlinge wurden gedankenlos und ziellos herumgeworfen.

Hatte fløj op i luften, vanter blev kastet uden tanke eller sigte.
Männer packten einander und schüttelten sich die Hände, ohne zu wissen, wer es war.
Mændene greb fat i hinanden og gav hånd uden at vide hvem.
Die ganze Menge war in wilder, freudiger Stimmung.
Hele mængden summede af vild, glædelig jubel.
Thornton fiel mit zitternden Händen neben Buck auf die Knie.
Thornton faldt på knæ ved siden af Buck med rystende hænder.
Er drückte seinen Kopf an Bucks und schüttelte ihn sanft hin und her.
Han pressede sit hoved mod Bucks og rystede ham blidt frem og tilbage.
Diejenigen, die näher kamen, hörten, wie er den Hund mit stiller Liebe verfluchte.
De, der nærmede sig, hørte ham forbande hunden med stille kærlighed.
Er beschimpfte Buck lange – leise, herzlich und emotional.
Han bandede længe ad Buck – sagte, varmt og følelsesladet.
„Gut, Sir! Gut, Sir!", rief der König der Skookum-Bank hastig.
"Godt, hr.! Godt, hr.!" udbrød Skookum-bænkens konge i en fart.
„Ich gebe Ihnen tausend – nein, zwölfhundert – für diesen Hund, Sir!"
"Jeg giver Dem tusind – nej, tolv hundrede – for den hund, hr.!"
Thornton stand langsam auf, seine Augen glänzten vor Emotionen.
Thornton rejste sig langsomt, hans øjne strålede af følelser.
Tränen strömten ihm ohne jede Scham über die Wangen.
Tårer strømmede åbenlyst ned ad hans kinder uden nogen skam.
„Sir", sagte er zum König der Skookum-Bank, ruhig und bestimmt

"Herre," sagde han til kongen af Skookum-bænken, rolig og fast
„Nein, Sir. Sie können zur Hölle fahren, Sir. Das ist meine endgültige Antwort."
"Nej, hr. De kan gå ad helvede til, hr. Det er mit endelige svar."
Buck packte Thorntons Hand sanft mit seinen starken Kiefern.
Buck greb forsigtigt Thorntons hånd med sine stærke kæber.
Thornton schüttelte ihn spielerisch, ihre Bindung war so tief wie eh und je.
Thornton rystede ham legende, deres bånd var så dybt som altid.
Die Menge, bewegt von diesem Moment, trat schweigend zurück.
Publikum, bevæget af øjeblikket, trådte tilbage i stilhed.
Von da an wagte es niemand mehr, diese heilige Zuneigung zu unterbrechen.
Fra da af turde ingen afbryde en sådan hellig hengivenhed.

Der Klang des Rufs
Lyden af kaldet

Buck hatte in fünf Minuten Sechzehnhundert Dollar verdient.
Buck havde tjent seksten hundrede dollars på fem minutter.
Mit dem Geld konnte John Thornton einen Teil seiner Schulden begleichen.
Pengene gjorde det muligt for John Thornton at betale noget af sin gæld af.
Mit dem restlichen Geld machte er sich mit seinen Partnern auf den Weg nach Osten.
Med resten af pengene drog han østpå med sine partnere.
Sie suchten nach einer sagenumwobenen verlorenen Mine, die so alt ist wie das Land selbst.
De ledte efter en sagnomspunden, forsvundet mine, lige så gammel som landet selv.
Viele Männer hatten nach der Mine gesucht, aber nur wenige hatten sie je gefunden.
Mange mænd havde ledt efter minen, men få havde nogensinde fundet den.
Während der gefährlichen Suche waren nicht wenige Männer verschwunden.
Mere end et par mænd var forsvundet under den farlige søgen.
Diese verlorene Mine war sowohl in Geheimnisse als auch in eine alte Tragödie gehüllt.
Denne tabte mine var indhyllet i både mystik og gammel tragedie.
Niemand wusste, wer der erste Mann war, der die Mine entdeckt hatte.
Ingen vidste, hvem den første mand, der fandt minen, havde været.
In den ältesten Geschichten wird niemand namentlich erwähnt.
De ældste historier nævner ingen ved navn.
Dort hatte immer eine alte, baufällige Hütte gestanden.

Der havde altid stået en gammel, faldefærdig hytte der.
Sterbende Männer hatten geschworen, dass sich neben dieser alten Hütte eine Mine befand.
Døende mænd havde svoret, at der var en mine ved siden af den gamle hytte.
Sie bewiesen ihre Geschichten mit Gold, wie es nirgendwo sonst zu finden ist.
De beviste deres historier med guld som intet andetsteds.
Keine lebende Seele hatte den Schatz von diesem Ort jemals geplündert.
Ingen levende sjæl havde nogensinde plyndret skatten fra det sted.
Die Toten waren tot, und Tote erzählen keine Geschichten.
De døde var døde, og døde mænd fortæller ingen historier.
Also machten sich Thornton und seine Freunde auf den Weg in den Osten.
Så drog Thornton og hans venner mod øst.
Pete und Hans kamen mit Buck und sechs starken Hunden.
Pete og Hans sluttede sig til, og medbragte Buck og seks stærke hunde.
Sie begaben sich auf einen unbekannten Weg, an dem andere gescheitert waren.
De begav sig ud ad en ukendt sti, hvor andre havde fejlet.
Sie rodelten siebzig Meilen den zugefrorenen Yukon River hinauf.
De kælkede halvfems kilometer op ad den frosne Yukon-flod.
Sie bogen links ab und folgten dem Pfad bis zum Stewart.
De drejede til venstre og fulgte stien ind i Stewart-floden.
Sie passierten Mayo und McQuestion und drängten weiter.
De passerede Mayo og McQuestion og fortsatte videre.
Der Stewart schrumpfte zu einem Strom, der sich durch zerklüftete Gipfel schlängelte.
Stewart-floden skrumpede ind i en strøm og trådte sig langs takkede tinder.
Diese scharfen Gipfel markierten das Rückgrat des Kontinents.
Disse skarpe tinder markerede selve kontinentets rygsøjle.

John Thornton verlangte wenig von den Menschen oder der Wildnis.
John Thornton krævede ikke meget af mændene eller det vilde land.
Er fürchtete nichts in der Natur und begegnete der Wildnis mit Leichtigkeit.
Han frygtede intet i naturen og mødte vildmarken med lethed.
Nur mit Salz und einem Gewehr konnte er reisen, wohin er wollte.
Med kun salt og en riffel kunne han rejse, hvorhen han ville.
Wie die Eingeborenen jagte er auf seiner Reise nach Nahrung.
Ligesom de indfødte jagtede han mad, mens han rejste.
Wenn er nichts fing, machte er weiter und vertraute auf sein Glück.
Hvis han ikke fangede noget, fortsatte han og stolede på heldet.
Auf dieser langen Reise war Fleisch die Hauptnahrungsquelle.
På denne lange rejse var kød det vigtigste, de spiste.
Der Schlitten enthielt Werkzeuge und Munition, jedoch keinen strengen Zeitplan.
Slæden indeholdt værktøj og ammunition, men ingen fast tidsplan.
Buck liebte dieses Herumwandern, die endlose Jagd und das Fischen.
Buck elskede denne vandring; den endeløse jagt og fiskeri.
Wochenlang waren sie Tag für Tag unterwegs.
I ugevis rejste de dag efter dag.
Manchmal schlugen sie Lager auf und blieben wochenlang dort.
Andre gange slog de lejre og blev stille i ugevis.
Die Hunde ruhten sich aus, während die Männer im gefrorenen Dreck gruben.
Hundene hvilede sig, mens mændene gravede gennem den frosne jord.

Sie erwärmten Pfannen über dem Feuer und suchten nach verborgenem Gold.
De varmede pander over bål og ledte efter skjult guld.
An manchen Tagen hungerten sie, an anderen feierten sie Feste.
Nogle dage sultede de, og andre dage holdt de fester.
Ihre Mahlzeiten hingen vom Wild und vom Jagdglück ab.
Deres måltider afhang af vildtet og jagtens held.
Als der Sommer kam, trugen Männer und Hunde schwere Lasten auf ihren Rücken.
Da sommeren kom, pakket mænd og hunde byrder på ryggen.
Sie fuhren mit dem Floß über blaue Seen, die in Bergwäldern versteckt waren.
De sejlede med rafting over blå søer gemt i bjergskove.
Sie segelten in schmalen Booten auf Flüssen, die noch nie von Menschen kartiert worden waren.
De sejlede slanke både på floder, som intet menneske nogensinde havde kortlagt.
Diese Boote wurden aus Bäumen gebaut, die sie in der Wildnis gesägt haben.
Disse både blev bygget af træer, de savede i naturen.

Die Monate vergingen und sie schlängelten sich durch die wilden, unbekannten Länder.
Månederne gik, og de snoede sig gennem de vilde, ukendte lande.
Es waren keine Männer dort, doch alte Spuren deuteten darauf hin, dass Männer dort gewesen waren.
Der var ingen mænd der, men gamle spor antydede, at der havde været mænd.
Wenn die verlorene Hütte echt war, dann waren einst andere hier entlang gekommen.
Hvis Den Forsvundne Hytte var virkelig, så var andre engang kommet denne vej.
Sie überquerten hohe Pässe bei Schneestürmen, sogar im Sommer.
De krydsede høje pas i snestorme, selv om sommeren.

Sie zitterten unter der Mitternachtssonne auf kahlen Berghängen.
De rystede under midnatssolen på bare bjergskråninger.
Zwischen der Baumgrenze und den Schneefeldern stiegen sie langsam auf.
Mellem trægrænsen og snemarkerne klatrede de langsomt.
In warmen Tälern schlugen sie nach Schwärmen aus Mücken und Fliegen.
I varme dale slog de efter skyer af myg og fluer.
Sie pflückten süße Beeren in der Nähe von Gletschern in voller Sommerblüte.
De plukkede søde bær nær gletsjere i fuldt sommerblomst.
Die Blumen, die sie fanden, waren genauso schön wie die im Süden.
Blomsterne, de fandt, var lige så smukke som dem i Sydlandet.
Im Herbst erreichten sie eine einsame Region voller stiller Seen.
Det efterår nåede de et ensomt område fyldt med stille søer.
Das Land war traurig und leer, einst voller Vögel und Tiere.
Landet var trist og tomt, engang levende med fugle og dyr.
Jetzt gab es kein Leben mehr, nur noch den Wind und das Eis, das sich in Pfützen bildete.
Nu var der intet liv, kun vinden og isen, der dannede sig i vandhuller.
Mit einem sanften, traurigen Geräusch schlugen die Wellen gegen die leeren Ufer.
Bølger skvulpede mod tomme kyster med en blød, sørgmodig lyd.

Ein weiterer Winter kam und sie folgten erneut schwachen, alten Spuren.
Endnu en vinter kom, og de fulgte igen svage, gamle stier.
Dies waren die Spuren von Männern, die schon lange vor ihnen gesucht hatten.
Dette var sporene fra mænd, der havde ledt længe før dem.

Einmal fanden sie einen Pfad, der tief in den dunklen Wald hineinreichte.
Engang fandt de en sti, der var hugget dybt ind i den mørke skov.
Es war ein alter Pfad und sie hatten das Gefühl, dass die verlorene Hütte ganz in der Nähe war.
Det var en gammel sti, og de følte, at den forsvundne hytte var tæt på.
Doch die Spur führte nirgendwo hin und verlor sich im dichten Wald.
Men stien førte ingen steder hen og forsvandt ind i den tætte skov.
Wer auch immer die Spur angelegt hat und warum, das wusste niemand.
Hvem der end lavede stien, og hvorfor de lavede den, vidste ingen.
Später fanden sie das Wrack einer Hütte, versteckt zwischen den Bäumen.
Senere fandt de vraget af en hytte gemt blandt træerne.
Verrottende Decken lagen verstreut dort, wo einst jemand geschlafen hatte.
Rådnende tæpper lå spredt, hvor nogen engang havde sovet.
John Thornton fand darin ein Steinschlossgewehr mit langem Lauf.
John Thornton fandt en flintlås med lang løb begravet indeni.
Er wusste, dass es sich um eine Waffe von Hudson Bay aus den frühen Handelstagen handelte.
Han vidste, at dette var en Hudson Bay-kanon fra de tidlige handelsdage.
Damals wurden solche Gewehre gegen Stapel von Biberfellen eingetauscht.
Dengang blev sådanne kanoner byttet for stakke af bæverskind.
Das war alles – von dem Mann, der die Hütte gebaut hatte, gab es keine Spur mehr.
Det var alt – der var intet spor tilbage af manden, der havde bygget hytten.

Der Frühling kam wieder und sie fanden keine Spur von der verlorenen Hütte.
Foråret kom igen, og de fandt intet tegn på den forsvundne hytte.
Stattdessen fanden sie ein breites Tal mit einem seichten Bach.
I stedet fandt de en bred dal med en lavvandet bæk.
Gold lag wie glatte, gelbe Butter auf dem Pfannenboden.
Guld lå på tværs af pandebundene som glat, gult smør.
Sie hielten dort an und suchten nicht weiter nach der Hütte.
De stoppede der og ledte ikke længere efter hytten.
Jeden Tag arbeiteten sie und fanden Tausende in Goldstaub.
Hver dag arbejdede de og fandt tusindvis i guldstøv.
Sie packten das Gold in Säcke aus Elchhaut, jeder Fünfzig Pfund schwer.
De pakkede guldet i sække med elgskind, halvtreds pund hver.
Die Säcke waren wie Brennholz vor ihrer kleinen Hütte gestapelt.
Taskerne var stablet som brænde uden for deres lille hytte.
Sie arbeiteten wie Giganten und die Tage vergingen wie im Flug.
De arbejdede som kæmper, og dagene gik som hurtige drømme.
Sie häuften Schätze an, während die endlosen Tage schnell vorbeizogen.
De samlede skatte, mens de endeløse dage gik hurtigt forbi.
Außer ab und zu Fleisch zu schleppen, gab es für die Hunde nicht viel zu tun.
Der var ikke meget for hundene at lave udover at slæbe kød i ny og næ.
Thornton jagte und tötete das Wild, und Buck lag am Feuer.
Thornton jagede og dræbte vildtet, og Buck lå ved bålet.
Er verbrachte viele Stunden schweigend, versunken in Gedanken und Erinnerungen.

Han tilbragte lange timer i stilhed, fortabt i tanker og erindring.

Das Bild des haarigen Mannes kam Buck immer häufiger in den Sinn.

Billedet af den behårede mand kom oftere ind i Bucks sind.

Jetzt, wo es kaum noch Arbeit gab, träumte Buck, während er ins Feuer blinzelte.

Nu hvor arbejdet var knapt, drømte Buck, mens han blinkede mod ilden.

In diesen Träumen wanderte Buck mit dem Mann in eine andere Welt.

I disse drømme vandrede Buck med manden i en anden verden.

Angst schien das stärkste Gefühl in dieser fernen Welt zu sein.

Frygt syntes at være den stærkeste følelse i den fjerne verden.

Buck sah, wie der haarige Mann mit gesenktem Kopf schlief.

Buck så den behårede mand sove med bøjet hoved.

Seine Hände waren gefaltet und sein Schlaf war unruhig und unterbrochen.

Hans hænder var foldede, og hans søvn var urolig og afbrudt.

Er wachte immer ruckartig auf und starrte ängstlich in die Dunkelheit.

Han plejede at vågne med et sæt og stirre frygtsomt ud i mørket.

Dann warf er mehr Holz ins Feuer, um die Flamme hell zu halten.

Så kastede han mere brænde på bålet for at holde flammen lys.

Manchmal spazierten sie an einem Strand entlang, der an einem grauen, endlosen Meer entlangführte.

Nogle gange gik de langs en strand ved et gråt, endeløst hav.

Der haarige Mann sammelte Schalentiere und aß sie im Gehen.

Den behårede mand plukkede skaldyr og spiste dem, mens han gik.

Seine Augen suchten immer nach verborgenen Gefahren in den Schatten.
Hans øjne søgte altid efter skjulte farer i skyggerne.
Seine Beine waren immer bereit, beim ersten Anzeichen einer Bedrohung loszusprinten.
Hans ben var altid klar til at spurte ved det første tegn på trussel.
Sie schlichen still und vorsichtig Seite an Seite durch den Wald.
De sneg sig gennem skoven, tavse og vagtsomme, side om side.
Buck folgte ihm auf den Fersen und beide blieben wachsam.
Buck fulgte efter ham, og de forblev begge årvågne.
Ihre Ohren zuckten und bewegten sich, ihre Nasen schnüffelten in der Luft.
Deres ører dirrede og bevægede sig, deres næser snusede i luften.
Der Mann konnte den Wald genauso gut hören und riechen wie Buck.
Manden kunne høre og lugte skoven lige så skarpt som Buck.
Der haarige Mann schwang sich mit plötzlicher Geschwindigkeit durch die Bäume.
Den behårede mand svingede sig gennem træerne med pludselig fart.
Er sprang von Ast zu Ast, ohne jemals den Halt zu verlieren.
Han sprang fra gren til gren uden at miste grebet.
Er bewegte sich über dem Boden genauso schnell wie auf ihm.
Han bevægede sig lige så hurtigt over jorden, som han gjorde på den.
Buck erinnerte sich an lange Nächte, in denen er unter den Bäumen Wache hielt.
Buck huskede de lange nætter under træerne, hvor han holdt vagt.
Der Mann schlief auf seiner Stange in den Zweigen und klammerte sich fest.
Manden sov og hvilede i grenene og klamrede sig fast til den.

Diese Vision des haarigen Mannes war eng mit dem tiefen Ruf verbunden.
Denne vision af den behårede mand var tæt knyttet til det dybe kald.
Der Ruf klang noch immer mit eindringlicher Kraft durch den Wald.
Kaldet lød stadig gennem skoven med hjemsøgende kraft.
Der Anruf erfüllte Buck mit Sehnsucht und einem rastlosen Gefühl der Freude.
Opkaldet fyldte Buck med længsel og en rastløs følelse af glæde.
Er spürte seltsame Triebe und Regungen, die er nicht benennen konnte.
Han følte mærkelige drifter og bevægelser, som han ikke kunne navngive.
Manchmal folgte er dem Ruf tief in die Stille des Waldes.
Nogle gange fulgte han kaldet dybt ind i den stille skov.
Er suchte nach dem Ruf und bellte dabei leise oder scharf.
Han ledte efter kaldet, gøende sagte eller skarpt, mens han gik.
Er roch am Moos und der schwarzen Erde, wo die Gräser wuchsen.
Han snusede til mosset og den sorte jord, hvor græsserne voksede.
Er schnaubte entzückt über den reichen Geruch der tiefen Erde.
Han fnøs af fryd over de fyldige dufte fra den dybe jord.
Er hockte stundenlang hinter pilzbefallenen Baumstämmen.
Han krøb sammen i timevis bag stammer dækket af svamp.
Er blieb still und lauschte mit großen Augen jedem noch so kleinen Geräusch.
Han blev stående stille og lyttede med vidtåbne øjne til hver eneste lille lyd.
Vielleicht hoffte er, das Wesen, das den Ruf auslöste, zu überraschen.
Han håbede måske at overraske den ting, der kaldte.
Er wusste nicht, warum er so handelte – er tat es einfach.

Han vidste ikke, hvorfor han opførte sig sådan – han gjorde det simpelthen.

Die Triebe kamen aus der Tiefe, jenseits von Denken und Vernunft.

Trangen kom dybt indefra, hinsides tanke eller fornuft.

Unwiderstehliche Triebe überkamen Buck ohne Vorwarnung oder Grund.

Uimodståelige lyster greb Buck uden varsel eller grund.

Manchmal döste er träge im Lager in der Mittagshitze.

Til tider døsede han dovent i lejren i middagsheden.

Plötzlich hob er den Kopf und stellte aufmerksam die Ohren auf.

Pludselig løftede han hovedet, og hans ører skød vagtsomt op.

Dann sprang er auf und stürmte ohne Pause in die Wildnis.

Så sprang han op og styrtede ud i vildmarken uden at tøve.

Er rannte stundenlang durch Waldwege und offene Flächen.

Han løb i timevis gennem skovstier og åbne vidder.

Er liebte es, trockenen Bachläufen zu folgen und Vögel in den Bäumen zu beobachten.

Han elskede at følge tørre bæklejer og spionere på fugle i træerne.

Er könnte den ganzen Tag versteckt liegen und den Rebhühnern beim Herumstolzieren zusehen.

Han kunne ligge gemt hele dagen og se agerhønsene spankulere rundt.

Sie trommelten und marschierten, ohne Bucks Anwesenheit zu bemerken.

De trommet og marcherede, uvidende om Bucks stadige tilstedeværelse.

Doch am meisten liebte er das Laufen in der Sommerdämmerung.

Men det han elskede mest var at løbe i skumringen om sommeren.

Das schwache Licht und die schläfrigen Waldgeräusche erfüllten ihn mit Freude.

Det svage lys og de søvnige skovlyde fyldte ham med glæde.

Er las die Zeichen des Waldes so deutlich, wie ein Mann ein Buch liest.
Han læste skovens tegn lige så tydeligt, som en mand læser en bog.
Und er suchte immer nach dem seltsamen Ding, das ihn rief.
Og han ledte altid efter den mærkelige ting, der kaldte på ham.
Dieser Ruf hörte nie auf – er erreichte ihn im Wachzustand und im Schlaf.
Det kald holdt aldrig op – det nåede ham, uanset om han var vågen eller sovende.

Eines Nachts erwachte er mit einem Ruck, die Augen waren scharf und die Ohren gespitzt.
En nat vågnede han med et sæt, med skarpe øjne og høje ører.
Seine Nasenlöcher zuckten, während seine Mähne in Wellen sträubte.
Hans næsebor dirrede, mens hans manke stod og strittede i bølger.
Aus der Tiefe des Waldes ertönte erneut der alte Ruf.
Fra dybt inde i skoven kom lyden igen, det gamle kald.
Diesmal war der Ton klar und deutlich zu hören, ein langes, eindringliches, vertrautes Heulen.
Denne gang lød lyden tydeligt, et langt, uhyggeligt, velkendt hyl.
Es klang wie der Schrei eines Huskys, aber mit einem seltsamen und wilden Ton.
Det var som en huskys skrig, men mærkelig og vild i tonen.
Buck erkannte das Geräusch sofort – er hatte das genaue Geräusch vor langer Zeit gehört.
Buck genkendte lyden med det samme – han havde hørt den præcise lyd for længe siden.
Er sprang durch das Lager und verschwand schnell im Wald.
Han sprang gennem lejren og forsvandt hurtigt ind i skoven.
Als er sich dem Geräusch näherte, wurde er langsamer und bewegte sich vorsichtig.

Da han nærmede sig lyden, sænkede han farten og bevægede sig forsigtigt.
Bald erreichte er eine Lichtung zwischen dichten Kiefern.
Snart nåede han en lysning mellem tætte fyrretræer.
Dort saß aufrecht auf seinen Hinterbeinen ein großer, schlanker Timberwolf.
Der, oprejst på hug, sad en høj, mager skovulv.
Die Nase des Wolfes zeigte zum Himmel und hallte noch immer den Ruf wider.
Ulvens snude pegede mod himlen og gentog stadig kaldet.
Buck hatte keinen Laut von sich gegeben, doch der Wolf blieb stehen und lauschte.
Buck havde ikke sagt nogen lyd, men ulven stoppede og lyttede.
Der Wolf spürte etwas, spannte sich an und suchte die Dunkelheit ab.
Ulven fornemmede noget, spændte sig op og ledte i mørket.
Buck schlich ins Blickfeld, mit gebeugtem Körper und ruhigen Füßen auf dem Boden.
Buck sneg sig til syne med lav krop og fødderne rolige på jorden.
Sein Schwanz war gerade, sein Körper vor Anspannung zusammengerollt.
Hans hale var lige, hans krop stramt sammenrullet af spænding.
Er zeigte sowohl eine bedrohliche als auch eine Art raue Freundschaft.
Han viste både trussel og en slags hårdt venskab.
Es war die vorsichtige Begrüßung, die wilde Tiere einander entgegenbrachten.
Det var den forsigtige hilsen, som vilde dyr delte.
Aber der Wolf drehte sich um und floh, sobald er Buck sah.
Men ulven vendte sig om og flygtede, så snart den så Buck.
Buck nahm die Verfolgung auf und sprang wild um sich, begierig darauf, es einzuholen.
Buck satte efter den, sprang vildt, ivrig efter at indhente den.

Er folgte dem Wolf in einen trockenen Bach, der durch einen Holzstau blockiert war.
Han fulgte ulven ind i en tør bæk, der var blokeret af en tømmerprop.
In die Enge getrieben, wirbelte der Wolf herum und blieb stehen.
Indespærret snurrede ulven rundt og stod fast.
Der Wolf knurrte und schnappte wie ein gefangener Husky im Kampf.
Ulven knurrede og snappede som en fanget husky hund i et slagsmål.
Die Zähne des Wolfes klickten schnell, sein Körper strotzte vor wilder Wut.
Ulvens tænder klikkede hurtigt, dens krop strittede af vild raseri.
Buck griff nicht an, sondern umkreiste den Wolf mit vorsichtiger Freundlichkeit.
Buck angreb ikke, men gik omkredset omkring ulven med omhyggelig venlighed.
Durch langsame, harmlose Bewegungen versuchte er, seine Flucht zu verhindern.
Han forsøgte at blokere sin flugt med langsomme, harmløse bevægelser.
Der Wolf war vorsichtig und verängstigt – Buck war dreimal so schwer wie er.
Ulven var vagtsom og bange – Buck var tre gange stærkere end ham.
Der Kopf des Wolfes reichte kaum bis zu Bucks massiver Schulter.
Ulvens hoved nåede knap nok op til Bucks massive skulder.
Der Wolf hielt Ausschau nach einer Lücke, rannte los und die Jagd begann von neuem.
Ulven spejdede efter et hul, flygtede, og jagten begyndte igen.
Buck drängte ihn mehrere Male in die Enge und der Tanz wiederholte sich.
Flere gange trængte Buck ham op i et hjørne, og dansen gentog sig.

Der Wolf war dünn und schwach, sonst hätte Buck ihn nicht fangen können.
Ulven var tynd og svag, ellers kunne Buck ikke have fanget ham.
Jedes Mal, wenn Buck näher kam, wirbelte der Wolf herum und sah ihn voller Angst an.
Hver gang Buck kom tættere på, snurrede ulven rundt og vendte sig mod ham i frygt.
Dann rannte er bei der ersten Gelegenheit erneut in den Wald.
Så ved første chance skyndte han sig ind i skoven igen.
Aber Buck gab nicht auf und schließlich fasste der Wolf Vertrauen zu ihm.
Men Buck gav ikke op, og endelig kom ulven til at stole på ham.
Er schnüffelte an Bucks Nase und die beiden wurden verspielt und aufmerksam.
Han snøftede Bucks næse, og de to blev legesyge og årvågne.
Sie spielten wie wilde Tiere, wild und doch schüchtern in ihrer Freude.
De legede som vilde dyr, vilde, men generte i deres glæde.
Nach einer Weile trabte der Wolf zielstrebig und ruhig davon.
Efter et stykke tid travede ulven afsted med roligt og beslutsomt mål.
Er machte Buck deutlich, dass er beabsichtigte, verfolgt zu werden.
Han viste tydeligt Buck, at han ville følges efter.
Sie rannten Seite an Seite durch die Dämmerung.
De løb side om side gennem tusmørket.
Sie folgten dem Bachbett hinauf in die felsige Schlucht.
De fulgte åens leje op i den klippefyldte kløft.
Sie überquerten eine kalte Wasserscheide, wo der Bach entsprungen war.
De krydsede en kold kløft, hvor strømmen var begyndt.
Am gegenüberliegenden Hang fanden sie ausgedehnte Wälder und viele Bäche.

På den fjerne skråning fandt de en vidtstrakt skov og mange vandløb.
Durch dieses weite Land rannten sie stundenlang ohne Pause.
Gennem dette vidtstrakte land løb de i timevis uden at stoppe.
Die Sonne stieg höher, die Luft wurde wärmer, aber sie rannten weiter.
Solen stod højere op, luften blev varm, men de løb videre.
Buck war voller Freude – er wusste, dass er seiner Berufung folgte.
Buck var fyldt med glæde – han vidste, at han besvarede sit kald.
Er rannte neben seinem Waldbruder her, näher an die Quelle des Rufs.
Han løb ved siden af sin skovbror, tættere på kaldet.
Alte Gefühle kehrten zurück, stark und schwer zu ignorieren.
Gamle følelser vendte tilbage, stærke og svære at ignorere.
Dies waren die Wahrheiten hinter den Erinnerungen aus seinen Träumen.
Dette var sandhederne bag minderne fra hans drømme.
All dies hatte er schon einmal in einer fernen, schattenhaften Welt getan.
Han havde gjort alt dette før i en fjern og skyggefuld verden.
Jetzt tat er es wieder und rannte wild herum, während der Himmel über ihm frei war.
Nu gjorde han det igen, løb vild med den åbne himmel ovenover.
Sie hielten an einem Bach an, um aus dem kalten, fließenden Wasser zu trinken.
De stoppede ved en bæk for at drikke af det kolde, strømmende vand.
Während er trank, erinnerte sich Buck plötzlich an John Thornton.
Mens han drak, huskede Buck pludselig John Thornton.
Er saß schweigend da, hin- und hergerissen zwischen der Anziehungskraft der Loyalität und der Berufung.

Han satte sig ned i stilhed, splittet af loyalitetens og kaldelsens tiltrækningskraft.

Der Wolf trabte weiter, kam aber zurück, um Buck anzutreiben.

Ulven travede videre, men kom tilbage for at anspore Buck frem.

Er rümpfte die Nase und versuchte, ihn mit sanften Gesten zu beruhigen.

Han snøftede til næsen og forsøgte at lokke ham med blide gestus.

Aber Buck drehte sich um und machte sich auf den Rückweg.

Men Buck vendte sig om og begyndte at gå tilbage den vej, han kom fra.

Der Wolf lief lange Zeit neben ihm her und winselte leise.

Ulven løb ved siden af ham i lang tid og klynkede stille.

Dann setzte er sich hin, hob die Nase und stieß ein langes Heulen aus.

Så satte han sig ned, løftede næsen og udstødte et langt hyl.

Es war ein trauriger Schrei, der leiser wurde, als Buck wegging.

Det var et sørgmodigt skrig, der blev blødere, da Buck gik væk.

Buck lauschte, als der Schrei langsam in der Stille des Waldes verklang.

Buck lyttede, mens lyden af råbet langsomt forsvandt ind i skovens stilhed.

John Thornton aß gerade zu Abend, als Buck ins Lager stürmte.

John Thornton spiste aftensmad, da Buck brasede ind i lejren.

Buck sprang wild auf ihn zu, leckte, biss und warf ihn um.

Buck sprang vildt på ham, slikkede, bed og væltede ham.

Er warf ihn um, kletterte darauf und küsste sein Gesicht.

Han væltede ham omkuld, kravlede ovenpå og kyssede ham i ansigtet.

Thornton nannte dies liebevoll „den allgemeinen Narren spielen".

Thornton kaldte dette at "spille den generelle nar" med hengivenhed.
Die ganze Zeit verfluchte er Buck sanft und schüttelte ihn hin und her.
Hele tiden forbandede han blidt Buck og rystede ham frem og tilbage.
Zwei ganze Tage und Nächte lang verließ Buck das Lager kein einziges Mal.
I to hele dage og nætter forlod Buck ikke lejren én eneste gang.
Er blieb in Thorntons Nähe und ließ ihn nie aus den Augen.
Han holdt sig tæt til Thornton og lod ham aldrig ud af syne.
Er folgte ihm bei der Arbeit und beobachtete ihn beim Essen.
Han fulgte ham, mens han arbejdede, og holdt øje med ham, mens han spiste.
Er begleitete Thornton abends in seine Decken und jeden Morgen wieder heraus.
Han så Thornton ned i sine tæpper om natten og ude hver morgen.
Doch bald kehrte der Ruf des Waldes zurück, lauter als je zuvor.
Men snart vendte skovens kalden tilbage, højere end nogensinde før.
Buck wurde wieder unruhig, aufgewühlt von Gedanken an den wilden Wolf.
Buck blev rastløs igen, oprørt af tanker om den vilde ulv.
Er erinnerte sich an das offene Land und daran, wie sie Seite an Seite gelaufen waren.
Han huskede det åbne land og det at løbe side om side.
Er begann erneut, allein und wachsam in den Wald zu wandern.
Han begyndte at vandre ind i skoven endnu engang, alene og årvågen.
Aber der wilde Bruder kam nicht zurück und das Heulen war nicht zu hören.
Men den vilde bror vendte ikke tilbage, og hylet blev ikke hørt.

Buck begann, draußen zu schlafen und blieb tagelang weg.
Buck begyndte at sove udenfor og blev væk i dagevis.
Einmal überquerte er die hohe Wasserscheide, wo der Bach entsprungen war.
Engang krydsede han den høje kløft, hvor bækken var startet.
Er betrat das Land des dunklen Waldes und der breiten, fließenden Ströme.
Han kom ind i landet med mørkt træ og brede, strømmende vandløb.
Eine Woche lang streifte er umher und suchte nach Spuren seines wilden Bruders.
I en uge strejfede han rundt og ledte efter tegn på den vilde bror.
Er tötete sein eigenes Fleisch und reiste mit langen, unermüdlichen Schritten.
Han dræbte sit eget kød og rejste med lange, utrættelige skridt.
Er fischte in einem breiten Fluss, der bis ins Meer reichte, nach Lachs.
Han fiskede efter laks i en bred flod, der nåede ud til havet.
Dort kämpfte er gegen einen von Insekten verrückt gewordenen Schwarzbären und tötete ihn.
Der kæmpede han mod og dræbte en sort bjørn, der var vanvittig af insekter.
Der Bär war beim Angeln und rannte blind durch die Bäume.
Bjørnen havde været ude at fiske og løb i blinde gennem træerne.
Der Kampf war erbittert und weckte Bucks tiefen Kampfgeist.
Kampen var hård og vækkede Bucks dybe kampgejst.
Als Buck zwei Tage später zurückkam, fand er Vielfraße an seiner Beute vor.
To dage senere vendte Buck tilbage og fandt jerv ved sit byg.
Ein Dutzend von ihnen stritten sich lautstark und wütend um das Fleisch.
Et dusin af dem skændtes om kødet i larmende raseri.

Buck griff an und zerstreute sie wie Blätter im Wind.
Buck angreb og spredte dem som blade i vinden.
Zwei Wölfe blieben zurück – still, leblos und für immer regungslos.
To ulve blev tilbage – tavse, livløse og ubevægelige for evigt.
Der Blutdurst wurde stärker denn je.
Tørsten efter blod blev stærkere end nogensinde.
Buck war ein Jäger, ein Killer, der sich von Lebewesen ernährte.
Buck var en jæger, en morder, der levede af levende væsner.
Er überlebte allein und verließ sich auf seine Kraft und seine scharfen Sinne.
Han overlevede alene, idet han stolede på sin styrke og skarpe sanser.
Er gedieh in der Wildnis, wo nur die Zähesten überleben konnten.
Han trivedes i naturen, hvor kun de mest seje kunne leve.
Daraus erwuchs ein großer Stolz, der Bucks ganzes Wesen erfüllte.
Fra dette rejste en stor stolthed sig og fyldte hele Bucks væsen.
Sein Stolz war in jedem seiner Schritte und in der Anspannung jedes einzelnen Muskels zu erkennen.
Hans stolthed viste sig i hvert eneste skridt, i bølgen i hver en muskel.
Sein Stolz war so deutlich wie seine Sprache und spiegelte sich in seiner Haltung wider.
Hans stolthed var lige så tydelig som tale, hvilket fremgik af, hvordan han opførte sig.
Sogar sein dickes Fell sah majestätischer aus und glänzte heller.
Selv hans tykke pels så mere majestætisk ud og glimtede klarere.
Man hätte Buck mit einem riesigen Timberwolf verwechseln können.
Buck kunne være blevet forvekslet med en kæmpe skovulv.
Außer dem Braun an seiner Schnauze und den Flecken über seinen Augen.

Bortset fra brunt på snuden og pletter over øjnene.
Und der weiße Fellstreifen, der mitten auf seiner Brust verlief.
Og den hvide pelsstribe, der løb ned langs midten af hans bryst.
Er war sogar größer als der größte Wolf dieser wilden Rasse.
Han var endda større end den største ulv af den vilde race.
Sein Vater, ein Bernhardiner, verlieh ihm Größe und einen schweren Körperbau.
Hans far, en sanktbernhardshund, gav ham størrelse og en tung kropsbygning.
Seine Mutter, eine Schäferin, formte diesen Körper zu einer wolfsähnlichen Gestalt.
Hans mor, en hyrde, formede den masse til en ulvelignende form.
Er hatte die lange Schnauze eines Wolfes, war allerdings schwerer und breiter.
Han havde en ulvs lange snude, dog tungere og bredere.
Sein Kopf war der eines Wolfes, aber von massiver, majestätischer Gestalt.
Hans hoved var en ulves, men bygget i en massiv, majestætisk skala.
Bucks List war die List des Wolfes und der Wildnis.
Bucks snuhed var ulvens og vildmarkens snuhed.
Seine Intelligenz hat er sowohl vom Deutschen Schäferhund als auch vom Bernhardiner.
Hans intelligens kom fra både schæferhunden og sanktbernhardshunden.
All dies und harte Erfahrungen machten ihn zu einer furchterregenden Kreatur.
Alt dette, plus barske erfaringer, gjorde ham til en frygtindgydende skabning.
Er war so furchterregend wie jedes andere Tier, das in der Wildnis des Nordens umherstreifte.
Han var lige så frygtindgydende som ethvert andet dyr, der strejfede rundt i den nordlige vildmark.

Buck ernährte sich ausschließlich von Fleisch und erreichte den Höhepunkt seiner Kraft.
Buck levede udelukkende af kød og nåede sit fulde højdepunkt.
Jede Faser seines Körpers strotzte vor Kraft und männlicher Stärke.
Han flød over af magt og maskulin styrke i hver en fiber af sig.
Als Thornton seinen Rücken streichelte, funkelten seine Haare vor Energie.
Da Thornton strøg ham over ryggen, funklede hårene af energi.
Jedes Haar knisterte, aufgeladen durch die Berührung lebendigen Magnetismus.
Hvert hår knitrede, ladet med en berøring af levende magnetisme.
Sein Körper und sein Gehirn waren auf die höchstmögliche Tonhöhe eingestellt.
Hans krop og hjerne var indstillet til den finest mulige tonehøjde.
Jeder Nerv, jede Faser und jeder Muskel arbeitete in perfekter Harmonie.
Hver nerve, fiber og muskel arbejdede i perfekt harmoni.
Auf jedes Geräusch oder jeden Anblick, der eine Aktion erforderte, reagierte er sofort.
På enhver lyd eller syn, der krævede handling, reagerede han øjeblikkeligt.
Wenn ein Husky zum Angriff ansetzte, konnte Buck doppelt so schnell springen.
Hvis en husky sprang for at angribe, kunne Buck springe dobbelt så hurtigt.
Er reagierte schneller, als andere es sehen oder hören konnten.
Han reagerede hurtigere, end andre overhovedet kunne se eller høre.
Wahrnehmung, Entscheidung und Handlung erfolgten alle in einem fließenden Moment.

Opfattelse, beslutning og handling kom alle i ét flydende øjeblik.

Tatsächlich geschahen diese Handlungen getrennt voneinander, aber zu schnell, um es zu bemerken.

I sandhed var disse handlinger separate, men for hurtige til at blive bemærket.

Die Abstände zwischen diesen Akten waren so kurz, dass sie wie ein einziger Akt wirkten.

Så korte var mellemrummene mellem disse handlinger, at de syntes som én.

Seine Muskeln und sein Körper waren wie straff gespannte Federn.

Hans muskler og væsen var som tæt sammenkrøllede fjedre.

Sein Körper strotzte vor Leben, wild und freudig in seiner Kraft.

Hans krop sprudlede af liv, vild og glædesfyldt i sin kraft.

Manchmal hatte er das Gefühl, als würde die Kraft völlig aus ihm herausbrechen.

Til tider følte han, at kraften ville bryde fuldstændigt ud af ham.

„So einen Hund hat es noch nie gegeben", sagte Thornton eines ruhigen Tages.

"Der har aldrig været sådan en hund," sagde Thornton en stille dag.

Die Partner sahen zu, wie Buck stolz aus dem Lager schritt.

Partnerne så Buck stolt skridte ud af lejren.

„Als er erschaffen wurde, veränderte er, was ein Hund sein kann", sagte Pete.

"Da han blev skabt, ændrede han, hvad en hund kan være," sagde Pete.

„Bei Gott! Das glaube ich auch", stimmte Hans schnell zu.

"Ved Jesus! Det tror jeg selv," svarede Hans hurtigt.

Sie sahen ihn abmarschieren, aber nicht die Veränderung, die danach kam.

De så ham marchere væk, men ikke den forandring, der kom efter.

Sobald er den Wald betrat, verwandelte sich Buck völlig.

Så snart han kom ind i skoven, forvandlede Buck sig fuldstændigt.
Er marschierte nicht mehr, sondern bewegte sich wie ein wilder Geist zwischen den Bäumen.
Han marcherede ikke længere, men bevægede sig som et vildt spøgelse blandt træer.
Er wurde still, katzenpfotenartig, ein Flackern, das durch die Schatten huschte.
Han blev tavs, med kattefødder, et glimt der gled gennem skyggerne.
Er nutzte die Deckung geschickt und kroch wie eine Schlange auf dem Bauch.
Han dækkede sig med dygtighed og kravlede på maven som en slange.
Und wie eine Schlange konnte er lautlos nach vorne springen und zuschlagen.
Og ligesom en slange kunne han springe frem og slå til i stilhed.
Er könnte ein Schneehuhn direkt aus seinem versteckten Nest stehlen.
Han kunne stjæle en rype direkte fra dens skjulte rede.
Er tötete schlafende Kaninchen, ohne ein einziges Geräusch zu machen.
Han dræbte sovende kaniner uden en eneste lyd.
Er konnte Streifenhörnchen mitten in der Luft fangen, wenn sie zu langsam flohen.
Han kunne fange jordegernene midt i luften, da de flygtede for langsomt.
Selbst Fische in Teichen konnten seinen plötzlichen Angriffen nicht entkommen.
Selv fisk i damme kunne ikke undslippe hans pludselige angreb.
Nicht einmal schlaue Biber, die Dämme reparierten, waren vor ihm sicher.
Selv ikke kloge bævere, der reparerede dæmninger, var sikre for ham.

Er tötete, um Nahrung zu bekommen, nicht zum Spaß – aber seine eigene Beute gefiel ihm am besten.
Han dræbte for mad, ikke for sjov – men kunne bedst lide sine egne drab.
Dennoch war bei manchen seiner stillen Jagden ein hintergründiger Humor spürbar.
Alligevel løb der en snedig humor gennem nogle af hans stille jagter.
Er schlich sich dicht an Eichhörnchen heran, ließ sie aber dann entkommen.
Han sneg sig tæt på egern, kun for at lade dem undslippe.
Sie wollten in die Bäume fliehen und schnatterten voller Angst und Empörung.
De ville flygte til træerne, mens de snakkede i frygtsom forargelse.
Mit dem Herbst kamen immer mehr Elche.
Da efteråret kom, begyndte elge at dukke op i større antal.
Sie zogen langsam in die tiefer gelegenen Täler, um dem Winter entgegenzukommen.
De bevægede sig langsomt ind i de lave dale for at møde vinteren.
Buck hatte bereits ein junges, streunendes Kalb erlegt.
Buck havde allerede nedlagt en ung, vildfaren kalv.
Doch er sehnte sich danach, einer größeren, gefährlicheren Beute gegenüberzutreten.
Men han længtes efter at stå over for større og farligere bytte.
Eines Tages fand er an der Wasserscheide, an der Quelle des Baches, seine Chance.
En dag på kløften, ved bækkens udspring, fandt han sin chance.
Eine Herde von zwanzig Elchen war aus bewaldeten Gebieten herübergekommen.
En flok på tyve elge var krydset over fra skovområder.
Unter ihnen war ein mächtiger Stier, der Anführer der Gruppe.
Blandt dem var en mægtig tyr; gruppens leder.

Der Bulle war über ein Meter achtzig Meter groß und sah grimmig und wild aus.
Tyren var over to meter høj og så vild og voldsom ud.
Er warf sein breites Geweih hin und her, dessen vierzehn Enden sich nach außen verzweigten.
Han kastede sine brede gevirer, fjorten spidser forgrenede sig udad.
Die Spitzen dieser Geweihe hatten einen Durchmesser von sieben Fuß.
Spidserne af disse gevirer strakte sig syv fod i diameter.
Seine kleinen Augen brannten vor Wut, als er Buck in der Nähe entdeckte.
Hans små øjne brændte af raseri, da han fik øje på Buck i nærheden.
Er stieß ein wütendes Brüllen aus und zitterte vor Wut und Schmerz.
Han udstødte et rasende brøl, rystende af raseri og smerte.
Nahe seiner Flanke ragte eine gefiederte und scharfe Pfeilspitze hervor.
En pilespids stak ud nær hans flanke, fjerklædt og skarp.
Diese Wunde trug dazu bei, seine wilde, verbitterte Stimmung zu erklären.
Dette sår var med til at forklare hans vilde, bitre humør.
Buck, geleitet von seinem uralten Jagdinstinkt, machte seinen Zug.
Buck, styret af ældgammel jagtinstinkt, gjorde sit træk.
Sein Ziel war es, den Bullen vom Rest der Herde zu trennen.
Han havde til formål at adskille tyren fra resten af flokken.
Dies war keine leichte Aufgabe – es erforderte Schnelligkeit und messerscharfe List.
Det var ingen nem opgave – det krævede hurtighed og vild list.
Er bellte und tanzte in der Nähe des Stiers, gerade außerhalb seiner Reichweite.
Han gøede og dansede nær tyren, lige uden for rækkevidde.
Der Elch stürzte sich mit riesigen Hufen und tödlichem Geweih auf ihn.

Elgen forsvandt med enorme hove og dødbringende gevirer.
Ein Schlag hätte Bucks Leben im Handumdrehen beenden können.
Et slag kunne have afsluttet Bucks liv på et splitsekund.
Der Stier konnte die Bedrohung nicht hinter sich lassen und wurde wütend.
Da tyren ikke kunne lægge truslen bag sig, blev den rasende.
Er stürmte wütend auf ihn zu, doch Buck entkam ihm jedes Mal.
Han angreb i raseri, men Buck smuttede altid væk.
Buck täuschte Schwäche vor und lockte ihn weiter von der Herde weg.
Buck foregav svaghed og lokkede ham længere væk fra flokken.
Doch die jungen Bullen wollten zurückstürmen, um den Anführer zu beschützen.
Men unge tyre ville storme tilbage for at beskytte lederen.
Sie zwangen Buck zum Rückzug und den Bullen, sich wieder der Gruppe anzuschließen.
De tvang Buck til at trække sig tilbage og tyren til at slutte sig til gruppen igen.
In der Wildnis herrscht eine tiefe und unaufhaltsame Geduld.
Der er en tålmodighed i det vilde, dyb og ustoppelig.
Eine Spinne wartet unzählige Stunden bewegungslos in ihrem Netz.
En edderkop venter ubevægelig i sit spind i utallige timer.
Eine Schlange rollt sich ohne zu zucken zusammen und wartet, bis es Zeit ist.
En slange snor sig uden at rykke og venter, indtil tiden er inde.
Ein Panther liegt auf der Lauer, bis der Moment gekommen ist.
En panter ligger i baghold, indtil øjeblikket oprinder.
Dies ist die Geduld von Raubtieren, die jagen, um zu überleben.
Dette er tålmodigheden hos rovdyr, der jager for at overleve.

Dieselbe Geduld brannte in Buck, als er in seiner Nähe blieb.
Den samme tålmodighed brændte i Buck, mens han blev tæt på.
Er blieb in der Nähe der Herde, verlangsamte ihren Marsch und schürte Angst.
Han blev i nærheden af flokken, bremsede dens march og vakte frygt.
Er ärgerte die jungen Bullen und schikanierte die Mutterkühe.
Han drillede de unge tyre og chikanerede moderkøerne.
Er trieb den verwundeten Stier in eine noch tiefere, hilflose Wut.
Han drev den sårede tyr ud i et dybere, hjælpeløst raseri.
Einen halben Tag lang zog sich der Kampf ohne Pause hin.
I en halv dag trak kampen ud uden nogen hvile overhovedet.
Buck griff aus jedem Winkel an, schnell und wild wie der Wind.
Buck angreb fra alle vinkler, hurtigt og voldsomt som vinden.
Er hinderte den Stier daran, sich auszuruhen oder sich bei seiner Herde zu verstecken.
Han forhindrede tyren i at hvile sig eller gemme sig sammen med sin flok.
Buck zermürbte den Willen des Elchs schneller als seinen Körper.
Buck udmattede elgens vilje hurtigere end dens krop.
Der Tag verging und die Sonne sank tief am nordwestlichen Himmel.
Dagen gik, og solen sank lavt på den nordvestlige himmel.
Die jungen Bullen kehrten langsamer zurück, um ihrem Anführer zu helfen.
De unge tyre vendte langsommere tilbage for at hjælpe deres leder.
Die Herbstnächte waren zurückgekehrt und die Dunkelheit dauerte nun sechs Stunden.
Efterårsnætterne var vendt tilbage, og mørket varede nu seks timer.

Der Winter drängte sie bergab in sicherere, wärmere Täler.
Vinteren pressede dem ned ad bakke ned i sikrere, varmere dale.
Aber sie konnten dem Jäger, der sie zurückhielt, immer noch nicht entkommen.
Men de kunne stadig ikke undslippe jægeren, der holdt dem tilbage.
Es stand nur ein Leben auf dem Spiel – nicht das der Herde, sondern nur das ihres Anführers.
Kun ét liv stod på spil – ikke flokkens, kun deres leders.
Dadurch wurde die Bedrohung in weite Ferne gerückt und ihre dringende Sorge wurde aufgehoben.
Det gjorde truslen fjern og ikke deres presserende bekymring.
Mit der Zeit akzeptierten sie diesen Preis und überließen Buck die Übernahme des alten Bullen.
Med tiden accepterede de denne pris og lod Buck tage den gamle tyr.
Als die Dämmerung hereinbrach, stand der alte Bulle mit gesenktem Kopf da.
Da tusmørket faldt på, stod den gamle tyr med hovedet nedad.
Er sah zu, wie die Herde, die er geführt hatte, im schwindenden Licht verschwand.
Han så den flok, han havde ført, forsvinde i det svindende lys.
Es gab Kühe, die er gekannt hatte, Kälber, deren Vater er einst gewesen war.
Der var køer han havde kendt, kalve han engang var far til.
Es gab jüngere Bullen, gegen die er in vergangenen Saisons gekämpft und die er beherrscht hatte.
Der var yngre tyre, han havde kæmpet mod og hersket over i tidligere sæsoner.
Er konnte ihnen nicht folgen, denn vor ihm kauerte Buck wieder.
Han kunne ikke følge efter dem – for foran ham krøb Buck igen sammen.
Der gnadenlose Schrecken mit den Reißzähnen versperrte ihm jeden Weg.

Den nådesløse, hugtændte rædsel blokerede enhver vej, han måtte tage.
Der Bulle brachte mehr als drei Zentner geballte Kraft auf die Waage.
Tyren vejede mere end tre hundrede vægt tæt kraft.
Er hatte ein langes Leben geführt und in einer Welt voller Kämpfe hart gekämpft.
Han havde levet længe og kæmpet hårdt i en verden præget af kamp.
Doch nun, am Ende, kam der Tod von einem Tier, das weit unter ihm stand.
Men nu, til sidst, kom døden fra et bæst langt under ham.
Bucks Kopf erreichte nicht einmal die riesigen, mit Knöcheln besetzten Knie des Bullen.
Bucks hoved nåede ikke engang op til tyrens enorme, knoklede knæ.
Von diesem Moment an blieb Buck Tag und Nacht bei dem Bullen.
Fra det øjeblik blev Buck hos tyren nat og dag.
Er gönnte ihm keine Ruhe, erlaubte ihm nie zu grasen oder zu trinken.
Han gav ham aldrig hvile, tillod ham aldrig at græsse eller drikke.
Der Stier versuchte, junge Birkentriebe und Weidenblätter zu fressen.
Tyren forsøgte at spise unge birkeskud og pileblade.
Aber Buck verjagte ihn, immer wachsam und immer angreifend.
Men Buck drev ham væk, altid årvågen og altid angribende.
Sogar an plätschernden Bächen blockte Buck jeden durstigen Versuch ab.
Selv ved rislende bække blokerede Buck ethvert forsøg på at slippe tørstigt.
Manchmal floh der Stier aus Verzweiflung mit voller Geschwindigkeit.
Nogle gange, i desperation, flygtede tyren i fuld fart.

Buck ließ ihn laufen und lief ruhig direkt hinter ihm her, nie weit entfernt.
Buck lod ham løbe, roligt løbende lige bagved, aldrig langt væk.

Als der Elch innehielt, legte sich Buck hin, blieb aber bereit.
Da elgen holdt pause, lagde Buck sig ned, men forblev klar.

Wenn der Bulle versuchte zu fressen oder zu trinken, schlug Buck mit voller Wut zu.
Hvis tyren forsøgte at spise eller drikke, slog Buck til med al sin raseri.

Der große Kopf des Stiers sank tiefer unter sein gewaltiges Geweih.
Tyrens store hoved sank længere ned under dens enorme gevir.

Sein Tempo verlangsamte sich, der Trab wurde schwerfällig, ein stolpernder Schritt.
Hans tempo faldt, traven blev tung; en snublende skridt.

Er stand oft still mit hängenden Ohren und der Nase am Boden.
Han stod ofte stille med hængende ører og snuden mod jorden.

In diesen Momenten nahm sich Buck Zeit zum Trinken und Ausruhen.
I disse øjeblikke tog Buck sig tid til at drikke og hvile.

Mit heraushängender Zunge und starrem Blick spürte Buck, wie sich das Land veränderte.
Med tungen ude, øjnene rettet, fornemmede Buck at landet var ved at forandre sig.

Er spürte, wie sich etwas Neues durch den Wald und den Himmel bewegte.
Han følte noget nyt bevæge sig gennem skoven og himlen.

Mit der Rückkehr der Elche kehrten auch andere Wildtiere zurück.
Da elgene vendte tilbage, gjorde andre vilde skabninger det også.

Das Land fühlte sich lebendig an, mit einer Präsenz, die man nicht sieht, aber deutlich wahrnimmt.

Landet føltes levende med tilstedeværelse, usynligt men stærkt kendt.
Buck wusste dies weder am Geräusch, noch am Anblick oder am Geruch.
Det var hverken ved lyd, syn eller lugt, at Buck vidste dette.
Ein tieferes Gefühl sagte ihm, dass neue Kräfte im Gange waren.
En dybere fornemmelse fortalte ham, at nye kræfter var på vej.
In den Wäldern und entlang der Bäche herrschte seltsames Leben.
Mærkeligt liv rørte sig i skovene og langs vandløbene.
Er beschloss, diesen Geist zu erforschen, nachdem die Jagd beendet war.
Han besluttede at udforske denne ånd, efter jagten var færdig.
Am vierten Tag erlegte Buck endlich den Elch.
På den fjerde dag nedlagde Buck endelig elgen.
Er blieb einen ganzen Tag und eine ganze Nacht bei der Beute, fraß und ruhte sich aus.
Han blev ved byget en hel dag og nat, hvor han spiste og hvilede sig.
Er aß, schlief dann und aß dann wieder, bis er stark und satt war.
Han spiste, så sov han, og så spiste han igen, indtil han var stærk og mæt.
Als er fertig war, kehrte er zum Lager und nach Thornton zurück.
Da han var klar, vendte han tilbage mod lejren og Thornton.
Mit gleichmäßigem Tempo begann er die lange Heimreise.
Med roligt tempo begyndte han den lange hjemrejse.
Er rannte in seinem unermüdlichen Galopp Stunde um Stunde, ohne auch nur ein einziges Mal vom Weg abzukommen.
Han løb i sin utrættelige vandring, time efter time, uden at fare vild et eneste øjeblik.
Durch unbekannte Länder bewegte er sich schnurgerade wie eine Kompassnadel.

Gennem ukendte lande bevægede han sig lige som en kompasnål.

Sein Orientierungssinn ließ Mensch und Karte im Vergleich schwach erscheinen.

Hans retningssans fik mennesket og kort til at virke svage i sammenligning.

Während Buck rannte, spürte er die Bewegung in der Wildnis stärker.

Mens Buck løb, mærkede han stærkere røret i det vilde landskab.

Es war eine neue Art zu leben, anders als in den ruhigen Sommermonaten.

Det var en ny slags liv, i modsætning til de rolige sommermåneders.

Dieses Gefühl kam nicht länger als subtile oder entfernte Botschaft.

Denne følelse kom ikke længere som en subtil eller fjern besked.

Nun sprachen die Vögel von diesem Leben und Eichhörnchen plapperten darüber.

Nu talte fuglene om dette liv, og egernene snakkede om det.

Sogar die Brise flüsterte Warnungen durch die stillen Bäume.

Selv brisen hviskede advarsler gennem de stille træer.

Mchrmals blieb er stehen und schnupperte die frische Morgenluft.

Flere gange stoppede han og indsnusede den friske morgenluft.

Dort las er eine Nachricht, die ihn schneller nach vorne springen ließ.

Der læste han en besked, der fik ham til at springe hurtigere fremad.

Ein starkes Gefühl der Gefahr erfüllte ihn, als wäre etwas schiefgelaufen.

En stærk følelse af fare fyldte ham, som om noget var gået galt.

Er befürchtete, dass ein Unglück bevorstünde – oder bereits eingetreten war.
Han frygtede, at en ulykke var på vej – eller allerede var kommet.
Er überquerte den letzten Bergrücken und betrat das darunterliegende Tal.
Han krydsede den sidste højderyg og kom ind i dalen nedenfor.
Er bewegte sich langsamer und war bei jedem Schritt aufmerksamer und vorsichtiger.
Han bevægede sig langsommere, årvågen og forsigtig med hvert skridt.
Drei Meilen weiter fand er eine frische Spur, die ihn erstarren ließ.
Tre mil ude fandt han et nyt spor, der fik ham til at stivne.
Die Haare in seinem Nacken stellten sich auf und sträubten sich vor Schreck.
Håret langs hans hals bølgede og strittede i alarm.
Die Spur führte direkt zum Lager, wo Thornton wartete.
Stien førte direkte mod lejren, hvor Thornton ventede.
Buck bewegte sich jetzt schneller, seine Schritte waren lautlos und schnell zugleich.
Buck bevægede sig hurtigere nu, hans skridt både lydløse og hurtige.
Seine Nerven lagen blank, als er Zeichen las, die andere übersehen würden.
Hans nerver snørede sig, da han læste tegn på, at andre ville overse.
Jedes Detail der Spur erzählte eine Geschichte – außer dem letzten Stück.
Hver detalje på ruten fortalte en historie – undtagen det sidste stykke.
Seine Nase erzählte ihm von dem Leben, das hier vorbeigezogen war.
Hans næse fortalte ham om det liv, der var gået forbi på denne måde.

Der Duft vermittelte ihm ein wechselndes Bild, als er dicht hinter ihm folgte.

Duften gav ham et skiftende billede, mens han fulgte tæt efter.

Doch im Wald selbst war es still geworden, unnatürlich still.

Men selve skoven var blevet stille; unaturligt stille.

Die Vögel waren verschwunden, die Eichhörnchen hatten sich versteckt, waren still und ruhig.

Fuglene var forsvundet, egern var skjult, tavse og stille.

Er sah nur ein einziges Grauhörnchen, das flach auf einem toten Baum lag.

Han så kun ét gråt egern, fladt på et dødt træ.

Das Eichhörnchen fügte sich steif und reglos in den Wald ein.

Egernet blandede sig med, stift og ubevægeligt som en del af skoven.

Buck bewegte sich wie ein Schatten, lautlos und sicher durch die Bäume.

Buck bevægede sig som en skygge, tavs og sikker gennem træerne.

Seine Nase zuckte zur Seite, als würde sie von einer unsichtbaren Hand gezogen.

Hans næse blev trukket til side, som om en usynlig hånd havde trukket i ham.

Er drehte sich um und folgte der neuen Spur tief in ein Dickicht hinein.

Han vendte sig og fulgte den nye duft dybt ind i et krat.

Dort fand er Nig tot daliegend, von einem Pfeil durchbohrt.

Der fandt han Nig, liggende død, gennemboret af en pil.

Der Schaft durchdrang seinen Körper, die Federn waren noch zu sehen.

Skaftet gik gennem hans krop, fjerene stadig synlige.

Nig hatte sich dorthin geschleppt, war jedoch gestorben, bevor er Hilfe erreichen konnte.

Nig havde slæbt sig derhen, men døde, før han nåede frem til hjælp.

Hundert Meter weiter fand Buck einen weiteren Schlittenhund.

Hundrede meter længere fremme fandt Buck en anden slædehund.

Es war ein Hund, den Thornton in Dawson City gekauft hatte.

Det var en hund, som Thornton havde købt tilbage i Dawson City.

Der Hund befand sich in einem tödlichen Kampf und schlug heftig auf dem Weg um sich.

Hunden var i en dødskamp og kæmpede hårdt på stien.

Buck ging um ihn herum, blieb nicht stehen und richtete den Blick nach vorne.

Buck gik uden at stoppe, med blikket rettet fremad.

Aus Richtung des Lagers ertönte in der Ferne ein rhythmischer Gesang.

Fra lejrens retning kom en fjern, rytmisk sang.

Die Stimmen schwoll in einem seltsamen, unheimlichen Singsangton an und ab.

Stemmer steg og faldt i en mærkelig, uhyggelig, syngende tone.

Buck kroch schweigend zum Rand der Lichtung.

Buck kravlede frem til kanten af lysningen i stilhed.

Dort sah er Hans mit dem Gesicht nach unten liegen, von vielen Pfeilen durchbohrt.

Der så han Hans ligge med ansigtet nedad, gennemboret af mange pile.

Sein Körper sah aus wie der eines Stachelschweins und war mit gefiederten Schäften bestückt.

Hans krop lignede et pindsvin, strittende med fjerklædte skafter.

Im selben Moment blickte Buck in Richtung der zerstörten Hütte.

I samme øjeblik kiggede Buck mod den ødelagte hytte.

Bei diesem Anblick stellten sich ihm die Nacken- und Schulterhaare auf.

Synet fik håret til at rejse sig på hans nakke og skuldre.

Ein Sturm wilder Wut durchfuhr Bucks ganzen Körper.

En storm af vildt raseri fejede gennem hele Bucks krop.

Er knurrte laut, obwohl er nicht wusste, dass er es getan hatte.
Han knurrede højt, selvom han ikke vidste, at han havde gjort det.
Der Klang war rau, erfüllt von furchterregender, wilder Wut.
Lyden var rå, fyldt med skræmmende, vild raseri.
Zum letzten Mal in seinem Leben verlor Buck den Verstand und die Gefühle.
For sidste gang i sit liv mistede Buck fornuften til fordel for følelserne.
Es war die Liebe zu John Thornton, die seine sorgfältige Kontrolle brach.
Det var kærligheden til John Thornton, der brød hans omhyggelige kontrol.
Die Yeehats tanzten um die zerstörte Fichtenhütte.
Yeehat-familien dansede rundt om den ødelagte granhytte.
Dann ertönte ein Brüllen – und ein unbekanntes Tier stürmte auf sie zu.
Så lød et brøl – og et ukendt bæst stormede mod dem.
Es war Buck, eine aufbrausende Furie, ein lebendiger Sturm der Rache.
Det var Buck; et raseri i bevægelse; en levende hævnstorm.
Wahnsinnig vor Tötungsdrang stürzte er sich mitten unter sie.
Han kastede sig midt iblandt dem, rasende af trang til at dræbe.
Er sprang auf den ersten Mann, den Yeehat-Häuptling, und traf zielsicher.
Han sprang mod den første mand, Yeehat-høvdingen, og ramte sandt.
Seine Kehle war aufgerissen und Blut spritzte in einem Strom.
Hans hals var flået op, og blodet sprøjtede ud i en strøm.
Buck blieb nicht stehen, sondern riss dem nächsten Mann mit einem Sprung die Kehle durch.
Buck stoppede ikke, men rev den næste mands hals over med ét spring.

Er war nicht aufzuhalten – er riss, schlug und machte nie eine Pause, um sich auszuruhen.
Han var ustoppelig – flåede, skar, og holdt aldrig pause for at hvile.

Er schoss und sprang so schnell, dass ihre Pfeile ihn nicht treffen konnten.
Han pilede og sprang så hurtigt, at deres pile ikke kunne ramme ham.

Die Yeehats waren in ihrer eigenen Panik und Verwirrung gefangen.
Yeehat-familien var fanget i deres egen panik og forvirring.

Ihre Pfeile verfehlten Buck und trafen stattdessen einander.
Deres pile ramte ikke Buck og ramte i stedet hinanden.

Ein Jugendlicher warf einen Speer nach Buck und traf einen anderen Mann.
En ung mand kastede et spyd mod Buck og ramte en anden mand.

Der Speer durchbohrte seine Brust und die Spitze durchbohrte seinen Rücken.
Spydet skar gennem hans bryst, og spidsen stødte ud i hans ryg.

Die Yeehats wurden von Panik erfasst und zogen sich umgehend zurück.
Rædsel skyllede over Yeehat-familien, og de brød på fuldt tilbagetog.

Sie schrien vor dem bösen Geist und flohen in die Schatten des Waldes.
De skreg af den onde ånd og flygtede ind i skovens skygger.

Buck war wirklich wie ein Dämon, als er die Yeehats jagte.
Buck var sandelig som en dæmon, da han jagtede Yeehat-familien.

Er raste hinter ihnen durch den Wald her und erlegte sie wie Rehe.
Han løb efter dem gennem skoven og fældede dem som hjorte.

Für die verängstigten Yeehats wurde es ein Tag des Schicksals und des Terrors.

Det blev en skæbnens og rædslernes dag for de skræmte Yeehats.
Sie zerstreuten sich über das Land und flohen in alle Richtungen.
De spredtes over landet og flygtede vidt i alle retninger.
Eine ganze Woche verging, bevor sich die letzten Überlebenden in einem Tal trafen.
En hel uge gik, før de sidste overlevende mødtes i en dal.
Erst dann zählten sie ihre Verluste und sprachen über das Geschehene.
Først da optalte de deres tab og talte om, hvad der var sket.
Nachdem Buck die Jagd satt hatte, kehrte er zum zerstörten Lager zurück.
Efter at være blevet træt af jagten vendte Buck tilbage til den ødelagte lejr.
Er fand Pete, noch in seine Decken gehüllt, getötet beim ersten Angriff.
Han fandt Pete, stadig i sine tæpper, dræbt i det første angreb.
Spuren von Thorntons letztem Kampf waren im Dreck in der Nähe zu sehen.
Spor af Thorntons sidste kamp var markeret i jorden i nærheden.
Buck folgte jeder Spur und erschnüffelte jede Markierung bis zum letzten Punkt.
Buck fulgte hvert spor og snusede til hvert mærke til et sidste punkt.
Am Rand eines tiefen Teichs fand er den treuen Skeet, der still dalag.
Ved kanten af en dyb pool fandt han den trofaste Skeet, liggende stille.
Skeets Kopf und Vorderpfoten lagen regungslos im Wasser, er lag tot da.
Skeets hoved og forpoter var i vandet, ubevægelige i døden.
Der Teich war schlammig und durch das Abwasser aus den Schleusenkästen verunreinigt.
Poolen var mudret og tilsmudset med afstrømning fra sluseboksene.

Seine trübe Oberfläche verbarg, was darunter lag, aber Buck kannte die Wahrheit.
Dens skyede overflade skjulte, hvad der lå nedenunder, men Buck kendte sandheden.
Er folgte Thorntons Spur bis in den Pool – doch die Spur führte nirgendwo anders hin.
Han sporede Thorntons duft ned i dammen – men duften førte ingen andre steder hen.
Es gab keinen Geruch, der hinausführte – nur die Stille des tiefen Wassers.
Der var ingen duft, der førte ud – kun stilheden af det dybt vand.
Den ganzen Tag blieb Buck in der Nähe des Teichs und ging voller Trauer im Lager auf und ab.
Hele dagen blev Buck ved dammen og gik sorgfuldt frem og tilbage i lejren.
Er wanderte ruhelos umher oder saß regungslos da, in tiefe Gedanken versunken.
Han vandrede rastløst omkring eller sad stille, fortabt i tunge tanker.
Er kannte den Tod, das Ende des Lebens, das Verschwinden aller Bewegung.
Han kendte døden; livets afslutning; al bevægelses forsvinden.
Er verstand, dass John Thornton weg war und nie wieder zurückkehren würde.
Han forstod, at John Thornton var væk og aldrig ville vende tilbage.
Der Verlust hinterließ eine Leere in ihm, die wie Hunger pochte.
Tabet efterlod et tomrum i ham, der dunkede som sult.
Doch dieser Hunger konnte durch Essen nicht gestillt werden, egal, wie viel er aß.
Men dette var en sult, maden ikke kunne stille, uanset hvor meget han spiste.
Manchmal, wenn er die toten Yeehats ansah, ließ der Schmerz nach.
Til tider, når han så på de døde Yeehats, forsvandt smerten.

Und dann stieg ein seltsamer Stolz in ihm auf, wild und vollkommen.
Og så steg en mærkelig stolthed i ham, voldsom og fuldstændig.
Er hatte den Menschen getötet, das höchste und gefährlichste Wild von allen.
Han havde dræbt mennesket, det højeste og farligste spil af alle.
Er hatte unter Missachtung des alten Gesetzes von Keule und Reißzahn getötet.
Han havde dræbt i strid med den gamle lov om kølle og hugtand.
Buck schnüffelte neugierig und nachdenklich an ihren leblosen Körpern.
Buck snusede til deres livløse kroppe, nysgerrig og tankefuld.
Sie waren so leicht gestorben – viel leichter als ein Husky in einem Kampf.
De var døde så let – meget lettere end en husky i en kamp.
Ohne ihre Waffen waren sie weder wirklich stark noch stellten sie eine Bedrohung dar.
Uden deres våben havde de ingen sand styrke eller trussel.
Buck würde sie nie wieder fürchten, es sei denn, sie wären bewaffnet.
Buck ville aldrig frygte dem igen, medmindre de var bevæbnede.
Nur wenn sie Keulen, Speere oder Pfeile trugen, war er vorsichtig.
Kun når de bar køller, spyd eller pile, ville han være på vagt.

Die Nacht brach herein und ein Vollmond stieg hoch über die Baumwipfel.
Natten faldt på, og en fuldmåne steg højt over træernes toppe.
Das blasse Licht des Mondes tauchte das Land in einen sanften, geisterhaften Schein wie am Tag.
Månens blege lys badede landet i et blødt, spøgelsesagtigt skær som dag.

Als die Nacht hereinbrach, trauerte Buck noch immer am stillen Teich.
Mens natten blev dybere, sørgede Buck stadig ved den stille dam.
Dann bemerkte er eine andere Regung im Wald.
Så blev han opmærksom på en anden bevægelse i skoven.
Die Aufregung kam nicht von den Yeehats, sondern von etwas Älterem und Tieferem.
Oprøret kom ikke fra Yeehat-familien, men fra noget ældre og dybereliggende.
Er stand auf, spitzte die Ohren und prüfte vorsichtig mit der Nase die Brise.
Han rejste sig op med løftede ører og undersøgte forsigtigt brisen med næsen.
Aus der Ferne ertönte ein schwacher, scharfer Aufschrei, der die Stille durchbrach.
Langt væk lød et svagt, skarpt gyl, der gennembrød stilheden.
Dann folgte dicht auf den ersten ein Chor ähnlicher Schreie.
Så fulgte et kor af lignende råb tæt efter det første.
Das Geräusch kam näher und wurde mit jedem Augenblick lauter.
Lyden kom nærmere og blev højere for hvert øjeblik, der gik.
Buck kannte diesen Schrei – er kam aus dieser anderen Welt in seiner Erinnerung.
Buck kendte dette råb – det kom fra den anden verden i hans hukommelse.
Er ging in die Mitte des offenen Platzes und lauschte aufmerksam.
Han gik hen til midten af det åbne rum og lyttede opmærksomt.
Der Ruf ertönte vielstimmig und kraftvoller denn je.
Kaldet lød, mange gange nævnt og kraftigere end nogensinde.
Und jetzt war Buck mehr denn je bereit, seiner Berufung zu folgen.
Og nu, mere end nogensinde før, var Buck klar til at besvare hans kald.

John Thornton war tot und hatte keine Bindung mehr an die Menschheit.
John Thornton var død, og han havde intet bånd til mennesker tilbage.
Der Mensch und alle menschlichen Ansprüche waren verschwunden – er war endlich frei.
Mennesket og alle menneskelige krav var væk – han var endelig fri.
Das Wolfsrudel jagte Fleisch, wie es einst die Yeehats getan hatten.
Ulveflokken jagtede kød, ligesom Yeehats engang gjorde.
Sie waren Elchen aus den Waldgebieten gefolgt.
De havde fulgt elge ned fra de skovklædte områder.
Nun überquerten sie, wild und hungrig nach Beute, sein Tal.
Nu, vilde og sultne efter bytte, krydsede de ind i hans dal.
Sie kamen auf die mondbeschienene Lichtung und flossen wie silbernes Wasser.
Ind i den månebelyste lysning kom de, flødende som sølvvand.
Buck stand regungslos in der Mitte und wartete auf sie.
Buck stod stille i midten, ubevægelig og ventede på dem.
Seine ruhige, große Präsenz versetzte das Rudel in Erstaunen und ließ es kurz verstummen.
Hans rolige, store tilstedeværelse chokerede flokken og indtog en kort tavshed.
Dann sprang der kühnste Wolf ohne zu zögern direkt auf ihn zu.
Så sprang den dristigste ulv direkte mod ham uden tøven.
Buck schlug schnell zu und brach dem Wolf mit einem einzigen Schlag das Genick.
Buck slog hurtigt til og brækkede ulvens hals med et enkelt slag.
Er stand wieder regungslos da, während der sterbende Wolf sich hinter ihm wand.
Han stod ubevægelig igen, mens den døende ulv snoede sig bag ham.
Drei weitere Wölfe griffen schnell nacheinander an.

Tre ulve mere angreb hurtigt, den ene efter den anden.
Jeder von ihnen zog sich blutend zurück, die Kehle oder die Schultern waren aufgeschlitzt.
Hver af dem trak sig blødende tilbage, med overskåret hals eller skuldre.
Das reichte aus, um das ganze Rudel zu einem wilden Angriff zu provozieren.
Det var nok til at sætte hele flokken i vildt angreb.
Sie stürmten gemeinsam hinein, waren zu eifrig und zu dicht gedrängt, um einen guten Schlag zu erzielen.
De styrtede ind sammen, for ivrige og for tæt befolkede til at slå ordentligt til.
Dank seiner Schnelligkeit und Geschicklichkeit war Buck in der Lage, dem Angriff immer einen Schritt voraus zu sein.
Bucks hurtighed og dygtighed tillod ham at holde sig foran angrebet.
Er drehte sich auf seinen Hinterbeinen und schnappte und schlug in alle Richtungen.
Han snurrede rundt på bagbenene, snappede og slog i alle retninger.
Für die Wölfe schien es, als ob seine Verteidigung nie geöffnet oder ins Wanken geraten wäre.
For ulvene virkede det som om hans forsvar aldrig åbnede eller vaklede.
Er drehte sich um und schlug so schnell zu, dass sie nicht hinter ihn gelangen konnten.
Han vendte sig og huggede så hurtigt, at de ikke kunne komme bag ham.
Dennoch zwang ihn ihre Übermacht zum Nachgeben und Zurückweichen.
Ikke desto mindre tvang deres antal ham til at give terræn og trække sig tilbage.
Er ging am Teich vorbei und hinunter in das steinige Bachbett.
Han bevægede sig forbi dammen og ned i det stenede bækleje.
Dort stieß er auf eine steile Böschung aus Kies und Erde.
Der stødte han på en stejl skrænt af grus og jord.

Er ist bei den alten Grabungen der Bergleute in einen Eckeinschnitt geraten.

Han kantede sig ind i et hjørne, der blev skåret under minearbejdernes gamle udgravning.

Jetzt war Buck von drei Seiten geschützt und stand nur noch dem vorderen Wolf gegenüber.

Nu, beskyttet på tre sider, stod Buck kun over for den forreste ulv.

Dort stand er in der Enge, bereit für die nächste Angriffswelle.

Der stod han i skak, klar til den næste bølge af angreb.

Buck blieb so hartnäckig standhaft, dass die Wölfe zurückwichen.

Buck holdt stand så voldsomt, at ulvene trak sig tilbage.

Nach einer halben Stunde waren sie erschöpft und sichtlich besiegt.

Efter en halv time var de udmattede og synligt besejrede.

Ihre Zungen hingen heraus, ihre weißen Reißzähne glänzten im Mondlicht.

Deres tunger hang ud, deres hvide hugtænder glimtede i måneskinnet.

Einige Wölfe legten sich mit erhobenem Kopf hin und spitzten die Ohren in Richtung Buck.

Nogle ulve lagde sig ned med hovederne hævet og ørerne spidse mod Buck.

Andere standen still, waren wachsam und beobachteten jede seiner Bewegungen.

Andre stod stille, årvågne og iagttog hans hver bevægelse.

Einige gingen zum Pool und schlürften kaltes Wasser.

Et par stykker gik hen til poolen og drak koldt vand.

Dann schlich ein großer, schlanker grauer Wolf sanft heran.

Så sneg en lang, mager grå ulv sig blidt frem.

Buck erkannte ihn – es war der wilde Bruder von vorhin.

Buck genkendte ham – det var den vilde bror fra før.

Der graue Wolf winselte leise und Buck antwortete mit einem Winseln.

Den grå ulv klynkede sagte, og Buck svarede med et klynk.

Sie berührten ihre Nasen, leise und ohne Drohung oder Angst.
De rørte ved næserne, stille og uden trussel eller frygt.
Als nächstes kam ein älterer Wolf, hager und von vielen Kämpfen gezeichnet.
Dernæst kom en ældre ulv, mager og arret efter mange kampe.
Buck wollte knurren, hielt aber inne und schnüffelte an der Nase des alten Wolfes.
Buck begyndte at knurre, men holdt en pause og snusede til den gamle ulvs snude.
Der Alte setzte sich, hob die Nase und heulte den Mond an.
Den gamle satte sig ned, løftede næsen og hylede mod månen.
Der Rest des Rudels setzte sich und stimmte in das langgezogene Heulen ein.
Resten af flokken satte sig ned og var med i det lange hyl.
Und nun ertönte der Ruf an Buck, unmissverständlich und stark.
Og nu kom kaldet til Buck, umiskendeligt og stærkt.
Er setzte sich, hob den Kopf und heulte mit den anderen.
Han satte sig ned, løftede hovedet og hylede sammen med de andre.
Als das Heulen aufhörte, trat Buck aus seinem felsigen Unterschlupf.
Da hylen holdt op, trådte Buck ud af sit klippefyldte ly.
Das Rudel umringte ihn und beschnüffelte ihn zugleich freundlich und vorsichtig.
Flokken lukkede sig om ham og snusede både venligt og forsigtigt.
Dann stießen die Anführer einen lauten Schrei aus und rannten in den Wald.
Så udstødte lederne et hyl og skyndte sig ind i skoven.
Die anderen Wölfe folgten und jaulten im Chor, wild und schnell in der Nacht.
De andre ulve fulgte efter, gylpende i kor, vilde og hurtige i natten.

Buck rannte mit ihnen, neben seinem wilden Bruder her, und heulte dabei.
Buck løb med dem, ved siden af sin vilde bror, mens han løb hylende.

Hier geht die Geschichte von Buck gut zu Ende.
Her gør historien om Buck det godt at få sin ende.

In den folgenden Jahren bemerkten die Yeehats seltsame Wölfe.
I de følgende år bemærkede Yeehat-familien mærkelige ulve.

Einige hatten braune Flecken auf Kopf und Schnauze und weiße Flecken auf der Brust.
Nogle havde brune på hovedet og snuden og hvide på brystet.

Doch noch mehr fürchteten sie sich vor einer geisterhaften Gestalt unter den Wölfen.
Men endnu mere frygtede de en spøgelsesagtig skikkelse blandt ulvene.

Sie sprachen flüsternd vom Geisterhund, dem Anführer des Rudels.
De talte hviskende om Spøgelseshunden, flokkens leder.

Dieser Geisterhund war schlauer als der kühnste Yeehat-Jäger.
Denne Spøgelseshund var mere listig end den dristigste Yeehat-jæger.

Der Geisterhund stahl im tiefsten Winter aus Lagern und riss ihre Fallen auseinander.
Spøgelseshunden stjal fra lejre i den høje vinter og rev deres fælder i stykker.

Der Geisterhund tötete ihre Hunde und entkam ihren Pfeilen spurlos.
Spøgelseshunden dræbte deres hunde og undslap deres pile sporløst.

Sogar ihre tapfersten Krieger hatten Angst, diesem wilden Geist gegenüberzutreten.
Selv deres modigste krigere frygtede at stå over for denne vilde ånd.

Nein, die Geschichte wird im Laufe der Jahre in der Wildnis immer düsterer.

Nej, fortællingen bliver endnu mørkere, som årene går i naturen.

Manche Jäger verschwinden und kehren nie in ihre entfernten Lager zurück.

Nogle jægere forsvinder og vender aldrig tilbage til deres fjerne lejre.

Andere werden mit aufgerissener Kehle erschlagen im Schnee gefunden.

Andre findes med revet hals op, dræbt i sneen.

Um ihren Körper herum sind Spuren – größer als sie ein Wolf hinterlassen könnte.

Rundt om deres kroppe er der spor – større end nogen ulv kunne lave.

Jeden Herbst folgen die Yeehats der Spur des Elchs.

Hvert efterår følger Yeehats elgens spor.

Aber ein Tal meiden sie, weil ihnen die Angst tief im Herzen eingegraben ist.

Men de undgår én dal med frygt indgraveret dybt i deres hjerter.

Man sagt, dass der böse Geist dieses Tal als seine Heimat ausgewählt hat.

De siger, at dalen er valgt af den onde ånd til sit hjem.

Und wenn die Geschichte erzählt wird, weinen einige Frauen am Feuer.

Og når historien fortælles, græder nogle kvinder ved bålet.

Aber im Sommer kommt ein Besucher in dieses ruhige, heilige Tal.

Men om sommeren kommer én besøgende til den stille, hellige dal.

Die Yeehats wissen nichts von ihm und können es auch nicht verstehen.

Yeehat-familien kender ikke til ham, og de kunne heller ikke forstå ham.

Der Wolf ist großartig und mit einer Pracht überzogen wie kein anderer seiner Art.

Ulven er en stor ulv, klædt i pragt, som ingen anden af sin slags.

Er allein überquert den grünen Wald und betritt die Waldlichtung.
Han alene krydser fra det grønne træ og går ind i skovlysningen.
Dort sickert goldener Staub aus Elchhautsäcken in den Boden.
Der siver gyldent støv fra elgskindssække ned i jorden.
Gras und alte Blätter haben das Gelb vor der Sonne verborgen.
Græs og gamle blade har skjult det gule for solen.
Hier steht der Wolf still, denkt nach und erinnert sich.
Her står ulven i stilhed, tænker og husker.
Er heult einmal – lang und traurig – bevor er sich zum Gehen umdreht.
Han hyler én gang – langt og sørgmodigt – før han vender sig for at gå.
Doch er ist nicht immer allein im Land der Kälte und des Schnees.
Alligevel er han ikke altid alene i kuldens og sneens land.
Wenn lange Winternächte über die tiefer gelegenen Täler hereinbrechen.
Når lange vinternætter sænker sig over de lavere dale.
Wenn die Wölfe dem Wild durch Mondlicht und Frost folgen.
Når ulvene følger vildt gennem måneskin og frost.
Dann rennt er mit großen, wilden Sprüngen an der Spitze des Rudels entlang.
Så løber han i spidsen for flokken, springende højt og vildt.
Seine Gestalt überragt die anderen, aus seiner Kehle erklingt Gesang.
Hans skikkelse tårner sig op over de andre, hans hals levende af sang.
Es ist das Lied der jüngeren Welt, die Stimme des Rudels.
Det er den yngre verdens sang, flokkens stemme.
Er singt, während er rennt – stark, frei und für immer wild.
Han synger, mens han løber – stærk, fri og evigt vild.

www.ingramcontent.com/pod-product-compliance
Lightning Source LLC
Chambersburg PA
CBHW010031040426
42333CB00048B/2797